Michael Scheler (Hrsg.)

TRAVELLING OFF THE ROAD.

20 Reiseberichte, die Lust aufs Losfahren machen

pietsch

Bildnachweis: Michael & Katrin Scheler
Constantin Alecu, Daniela Bäumer, Tine & Michael Dennig,
André Diekhoff, Christine Heidkamp, Angelika Maschke,
Stephan Scheler, Dorothee Schumacher & Albanienteam &
Wilderness-Team, VW-Nutzfahrzeuge (Achim Hartmann),
Julia Wieser, Ralf Wilke, Martin Zink.

Titelbild: ©Shutterstock/Michal Durinik

Eine Haftung des Autors oder des Verlages und seiner
Beauftragten für Personen-, Sach- und Vermögens-
schäden ist ausgeschlossen.

ISBN 978-3-613-50914-6

Copyright © by Verlag pietsch,
Postfach 103743, 70032 Stuttgart

Ein Unternehmen der Paul Pietsch Verlage GmbH & Co. KG
1. Auflage 2021

Sie finden uns im Internet unter
www.pietsch-verlag.de

Nachdruck, auch einzelner Teile, ist verboten. Das Urheber-
recht und sämtliche weiteren Rechte sind dem Verlag vorbehalten. Übersetzung, Speicherung, Vervielfältigung und
Verbreitung einschließlich Übernahme auf elektronische
Datenträger wie CD-ROM, DVD usw. sowie Einspeicherung
in elektronische Medien wie Internet usw. ist ohne vorherige
schriftliche Genehmigung des Verlages unzulässig und
strafbar.

Lektorat: Ulrike Ruh
Cover und Layout: grafik+design Kornelia Erlewein
Druck und Bindung: Graspo CZ, 76302 Zlín
Printed in Czech Republic

Vorwort	4
Reisevorbereitung	6
Fahrzeug & Co.	7
Mensch & Tier	11
Reise-Ausrüstung	13
Checkliste Reisevorbereitung	19
Reiseberichte	20
Das Schmetterlingshaus	22
Sandplatz in Übergröße	34
Strand & Bunker	44
Regen, Schlamm und noch mehr Regen	54
Grüne Hügel und weite Steppe	66
Richtung Sonnenuntergang	76
Immer nach Norden	86
Abenteuer Westafrika	98
Ausflug in ein vergessenes Land	114
In den Schluchten der schwarzen Berge	122
Schwarzer Sand im Eismeer	132
Vom Winde verweht	142
Dünne Luft am Karakul	152
Versunkene Schweiz	162
Grenz-Erfahrungen	170
Auf einen Drink	180
Wenn der Vater mit dem Sohne ...	190
Am Rande des Abgrunds	198
Rund um die Insel	210
Gut geplant	220
Grundsätzliche Überlegungen bei der Planung einer Namibia- oder Botswana-Tour	232
Schlusswort	234

Vorwort

Nach dem Ausrüstungs-Ratgeber »Off the Road« und dem Reisekochbuch »Cooking off the Road« geht es mit »Travelling off the Road« nun endlich auch auf Reisen abseits der befestigten Straßen. Für dieses Buch greife ich diesmal nicht nur auf eigene Erlebnisse zurück, sondern habe auch die schönsten Reiseberichte von Freunden herausgesucht. André Diekhoff, Christine Heidkamp und Christian Pflug aus dem Pietsch Verlag, Julia und Benno Wieser, mein lieber Freund und Kollege Martin Zink, Tine und Michael Dennig, Wolfgang Grob und seine Frau Dorothee Schumacher und mein Bruder Stephan können Erinnerungen an ihre Reisen nicht nur mit der Kamera einfangen, sie können ihre Reiseerlebnisse auch in wunderschöne Worte fassen. Und sie waren in Ländern unterwegs, die ich zum Teil noch nicht bereist habe – oder zumindest nicht mit dem Geländewagen.

Von daher sind es vor allem sie, die dieses Buch zu einem spannenden Reiseerlebnis machen, das man, gemütlich auf der heimischen Couch, oder wo auch immer man gerade unterwegs ist, miterleben kann. Ihre Reiseberichte machen Lust darauf selbst loszufahren. Sie bringen den Leser aber auch durch eine Zeit, in der das Reisen nicht ganz so einfach bis unmöglich ist. Denn, wenn man schon nicht selbst losziehen kann, kann man mit der Lektüre dieses Buchs wenigstens davon träumen.

Und diese Träume verstehen meine Co-Autoren mit ihren Texten und mit ihren Fotos wunderbar zu wecken. Denn dieses Buch ist kein Reiseführer im eigentlichen Sinn. Davon gibt es schon genug. Es sind die Erlebnisse, die Gefühle und Eindrücke, die sie in ihren Reisegeschichten beschreiben. Es ist der Kontakt mit den Menschen vor Ort, es sind die Eindrücke der oft atemberaubenden Natur dieser schönen Welt, es sind manchmal aber auch die Zweifel oder gar Ängste, die sie in ihren Texten niedergeschrieben haben. Und das macht dieses Buch in meinen Augen besonders.

Freilich, ihr Schreibstil ist unterschiedlich. Doch sind wir Menschen nicht auch alle verschieden? Und sind die Länder, die wir bereisen, nicht auch alle anders? Somit mag man vielleicht manche der Reisegeschichten lieber mögen als andere. Aber mögen wir nicht alle auch in manche Länder lieber reisen als in andere? Deshalb ist sicher für jeden etwas in diesem Buch dabei. Ein Land, von dem man sagt: »Da will ich auch noch hin«, oder sagt »da war ich auch schon, es war bei mir aber ganz anders«. Und genau das macht es aus. Jeder erlebt eine Reise, ein Reiseziel anders als andere.

Das fängt schon beim eigenen Reisepartner an und ist bei anderen Reisenden erst recht der Fall. Aus diesem Grund befinden sich in diesem Buch auch zwei Reisen nach Albanien, die zeigen, dass – frei nach dem deutschen Dichter Matthias Claudius – wenn zwei eine Reise tun, sie noch lange nicht das Gleiche erleben.

Natürlich gibt es aber auch diesmal wieder ein paar Tipps rund um das Thema Reisen mit dem Geländewagen. Dabei gehe ich unter anderem auf die Ausrüstung und die Reisevorbereitungen ein. Außerdem finden sich für jedes Reiseland oder -ziel in den jeweiligen Kapiteln ein paar Insider-Tipps. Im letzten Kapitel befasst sich Wolfgang dann mit der konkreten Planung einer Tour mit dem Miet-Offroader durch die faszinierende Welt Namibias und Botswanas. Natürlich kann dies nur ein Beispiel sein, denn jede Reise in ein anderes Land bedarf seiner eigenen Planung. Dennoch vermittelt sein Bericht eine Ahnung davon, was man auch schon im Vorfeld planen kann oder gar muss und auf was man im Land achten sollte.

Mein Dank für dieses Buch gilt vor allem meinen lieben Co-Autoren, die es mit viel Engagement möglich gemacht haben, dass »Travelling off the Road« entstehen konnte. Euch, liebe Leser, wünsche ich viel Spaß beim Lesen ihrer spannenden Reiseerlebnisse und natürlich wunderschöne eigene Reisen abseits der befestigten Wege dieser Welt.

Euer
Michael Scheler

Reisevorbereitung

Es spielt natürlich eine Rolle, ob man mit dem großen Allrad-LKW auf Weltreise geht oder im kurzen Defender mit Dachzelt eine Wochenend-Tour unternimmt. Der eine hat mehr als genug Platz, um richtig viel Zeug reinzupacken. Beim anderen muss man genau überlegen, was mit muss und vor allem, wo es letztlich seinen Platz findet. Aber was muss denn mit? Was ist wirklich notwendig und was nützlich, um es dabei zu haben? Und was ist eigentlich sonst noch wichtig, wenn man zu einer Offroad-Reise aufbricht? Was kann ich im Vorfeld tun, damit meine Reise möglichst problemlos verläuft? In diesem Kapitel habe ich zusammengetragen, was wichtig und was notwendig ist. Was mit muss und was man vor der Fahrt beachten sollte.

Wenn es auf eine längere Reise geht, sollte das Fahrzeug vorab komplett durchgecheckt werden. Je älter der Wagen, desto wichtiger, dass alles nochmal geprüft wird.

Fahrzeug & Co.

Inspektionen & Reparaturen

Gerade wenn es auf eine längere Reise geht, sollte das Fahrzeug vorab komplett durchgecheckt werden. Notwendige Inspektionen oder gar anstehende Reparaturen aufzuschieben, kann sich unterwegs bitter rächen, wie unser Tunesien-Reisebericht von Julia Wieser zeigt. Man sollte auch nicht darauf vertrauen, dass man unterwegs problemlos eine Werkstatt findet, die eventuelle Schäden beheben kann. Außerdem ist es mehr als ärgerlich, wenn man die Reise abbrechen muss, weil unterwegs etwas kaputtgeht, das man schon zu Hause hätte reparieren können. Aber selbst, wenn man die Reise nicht komplett abbrechen muss, Verzögerungen und langes Warten auf Ersatzteile und Reparaturen sind nicht das, weshalb man irgendwann losgefahren ist.

Daher gilt es, das Fahrzeug vor Reiseantritt fit zu machen und somit möglichst viele unterwegs auftretende Probleme im Vorfeld auszuschließen oder zumindest zu minimieren.

Sind Dichtungen defekt oder Lager ausgeschlagen, ist die Wahrscheinlichkeit hoch, dass sie unterwegs den Dienst quittieren oder es zu noch größeren Schäden kommt, ...

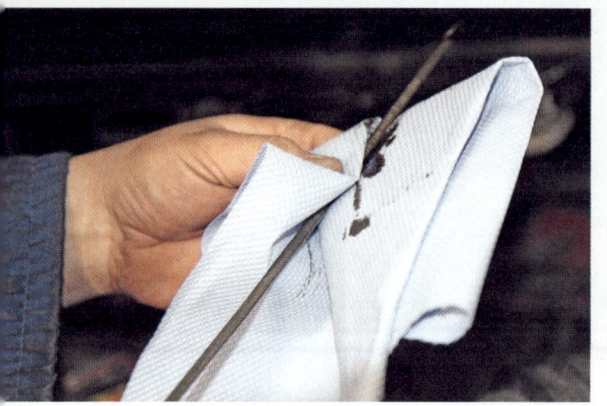

... daher sollte sich der Fahrzeugcheck nicht nur auf das Überprüfen des Ölstands beschränken, sondern möglichst umfassend sein.

Gerade auf einer längeren Reise ist es sinnvoll, einige Verschleiß- und Ersatzteile mitzunehmen. Übertreiben sollte man es dabei aber nicht und nicht gleich das halbe Ersatzteillager mitschleppen.

Ersatzteile

Eine alte Regel besagt, dass meist nur das kaputt geht, was man nicht dabeihat. Dennoch sollte man eine gewisse Auswahl an Ersatzteilen mitnehmen. Ganz oben auf die Liste gehören Sicherungen und Glühbirnen. Beides lässt sich schnell und vor allem selbst austauschen. Auch das Ersatzrad gehört zu den Dingen, die im oder am Fahrzeug bleiben und nicht zugunsten anderen Equipments weichen sollten. Denn eine Dose Reifenpilot ist nur bei kleineren Reifendefekten hilfreich. Eine komplett aufgeschlitzte Reifenflanke kann sie nicht abdichten.

Ist man länger unterwegs, sollte man passende Luftfiltereinsätze, Öl- und Benzin- oder Dieselfilter mitnehmen, wenn man davon ausgehen kann, dass sie im Reiseland nicht oder nur schwer zu bekommen sind. Das gilt auch für die diversen Keil- oder Rippenriemen oder andere spezielle Fahrzeugteile. Sinnvoll ist es außerdem, die Teile dabeizuhaben, die im Gelände schnell kaputtgehen können. Gebrochene Kreuzgelenke sind ein häufiger Schaden. In Gegenden mit gutem Händlernetz kann das mobile Ersatzteillager ruhig etwas kleiner ausfallen. Ist man in entlegenen Gegenden der Welt unterwegs, ist ein zu Hause gebliebener Freund, der Teile besorgen und verschicken kann, eine gute Backup-Lösung. Verschiedene Anbieter, vor allem älterer Fahrzeuge, haben sich ebenfalls auf diesen Service spezialisiert.

Werkzeug

Grundsätzlich gilt: Nur das Werkzeug mitnehmen, mit dem man auch umgehen kann. Der teuerste Ratschenkasten ist nutzlos, wenn man nicht weiß, was man damit anfangen soll. Ein sinnvolles Grundset sollte dennoch dabei sein. Auf qualitativ hochwertiges Werkzeug zu setzen, erspart oft viel Ärger und Frust. Wagenheber und Radmutternschlüssel sind ein Muss. Eine Auswahl an Schraubendrehern und eine gute Zange gehören ebenfalls zur Standardausrüstung. Hat man ohnehin ein kurzes Beil dabei, kann man auf den Hammer meist verzichten. Ein Brecheisen kann in den unterschiedlichsten Situationen ein sehr hilfreiches Werkzeug sein, da es die Hebelkraft nutzt. Ein Satz Schraubenschlüssel und Kabelbinder in verschiedenen Größen komplettieren den Werkzeugkasten.

Spezialwerkzeuge

Fahrzeugspezifische Spezialwerkzeuge sind ein Sonderfall. Auch, wenn man selbst nicht damit umgehen kann, macht es auf einer längeren Tour Sinn, derartiges Spezialwerkzeug mitzunehmen. So gibt es beispielsweise die klassische Ölfilterpatrone bei neueren Mercedes G-Modellen nicht mehr. Stattdessen sitzt der Filtereinsatz unter einem Kunststoff-Deckel, der sich nur mit einem Mercedes-Spezialwerkzeug vernünftig und beschädigungsfrei lösen lässt. Der Buschmechaniker, der einen Ölwechsel macht, wird so ein Werkzeug eher nicht in seinem Werkzeugschrank haben.

ResQ-Tape

Das ResQ-Tape von Tape Innovation wurde ursprünglich für die US-Navy-Seals entwickelt. Dieses selbstverschweißende Silikonband ist ein echtes Multi-Talent. Es dichtet druck- und wasserdicht bis zwölf bar ab, isoliert bis zu 12.000 Volt pro Lage und ist beständig gegen Benzin, Öl und viele Chemikalien. Außerdem funktioniert es im Temperaturbereich von minus 90 bis plus 260 Grad. Genau das Richtige also, um damit den undichten Auspuff, die Luftdruckleitung der LKW-Bremse, den geplatzten Kühlwasserschlauch oder den tropfenden Abfluss vom Küchenwaschbecken im Wohnmobilaufbau abzudichten.

Werkstatthandbuch & Werkstattliste

Wenn man selbst mit Schraubenschlüssel & Co. umgehen kann, die erforderlichen Ersatzteile dabeihat oder vor Ort bekommen kann, sollte man auch ein Werkstatthandbuch mitnehmen. Diverse Explosionszeichnungen erleichtern den Aus- und Einbau von Teilen, die richtigen Anzugsdrehmomente sind darin zu finden, und welcher Schmierstoff wohin gehört ist ebenfalls vermerkt. Alle, für die so ein Werkstatthandbuch ein Buch mit sieben Siegeln ist, die handwerklich weniger Geschick haben und obendrein ein neueres Fahrzeug fahren, sind gut vorbereitet, wenn sie eine Liste der Werkstätten ihrer Fahrzeugmarke dabeihaben.

Handschuhe

Mindestens ein paar gute Arbeitshandschuhe pro Fahrzeuginsasse sind ein absolutes Muss. Sie schützen die Hände bei vielen Tätigkeiten vor Verletzungen, Kälte und Hitze. Je besser die Handschuhe sitzen, umso besser kann man damit arbeiten. Da so ein Handschuh unterwegs aber auch mal schnell verloren geht, sollte man lieber gleich ein Paar mehr einpacken.

Seil, Gurt & Schäkel

Der Bergegurt gehört ebenso an Bord wie eine Auswahl an Schäkeln. Dabei ist zu beachten, dass die Bruchlasten zusammenpassen. Und auch wenn man eine Seilwinde zur Eigenbergung am Fahrzeug hat, benötigt man einen Gurt als Baumgurt oder zur Verlängerung. Schäkel als Verbindungselement gibt es aus Metall oder als leichte, weiche Tauwerkschäkel, die keine Kratzer hinterlassen. Ein kinetisches Bergeseil ermöglicht eine sanftere Fahrzeugbergung, ist aber nur mit einem zweiten Fahrzeug verwendbar.

Seilwinde

Das richtige Berge-Equipment macht sich unter anderem auch an der Frage fest, ob man allein oder mit mehreren Fahrzeugen unterwegs ist. Reist man allein, nutzen der mitgeführte Bergegurt oder das kinetische Bergeseil wenig, da das zweite Fahrzeug zum Rausziehen fehlt. Auf einen zufällig vorbeikommenden Helfer kann und sollte man sich dabei auch nicht in jeder Ecke der Welt verlassen. Fährt man allein, lohnt es sich also darüber nachzudenken, ob man eine Seilwinde am Fahrzeug montiert.
Dabei kann die Tücke allerdings im Detail liegen. Ist sie vorne montiert, es geht aber nur rückwärts raus, nutzt sie nur eingeschränkt. Eine Möglichkeit ist, sie auf einer Montageplatte anzubringen, die man wahlweise vorne oder hinten am Geländewagen befestigen kann. Eine Alternative zur Winde kann ein Greifzug oder der Hi-Lift sein.

Hi-Lift

Der Hi-Lift und seine diversen Nachbauten gelten als der ultimative Wagenheber für Geländefahrzeuge. Ihr Nachteil: sie sind schwer. Ihr Vorteil: Hi-Lift & Co. lassen sich auch anderweitig verwenden. In Verbindung mit Schäkeln und Bergegurten kann der Wagenheber ein funktionierender Ersatz für eine Seilwinde sein. Für das Anheben des Fahrzeugs ist wichtig, dass auch Aufnahmemöglichkeiten für die Klaue des Hi-Lifts vorhanden sind. Fehlen diese, gibt es diverses Zubehör, das sich an den Rädern oder anderen Stellen einhaken lässt.

Aber auch das bringt zusätzliche Kilos auf die Waage. Daher gilt es abzuwägen, ob ein klassischer Wagenheber nicht ausreicht.

Sandbleche

Es macht sich optisch gut, so ein Sandblech außen am Fahrzeug. Bevor es losgeht, sollte man sich aber Gedanken machen, ob so ein Blech auf der geplanten Tour überhaupt einsetzbar ist. Außerdem bietet der Markt mittlerweile eine Reihe von Alternativen zum klassischen Luftlandeblech, die den Anforderungen an das Geländefahren besser gewachsen sind. So ist zum Beispiel die »Uniko6in1« eine faltbare Lösung, die man auch als Ausgleichskeil am Standplatz oder für viele andere Dinge nutzen kann.

Schaufel

Eine Schaufel gehört zu den unverzichtbaren Dingen, die mit ins Auto müssen. Hat man sich festgefahren, hilft es oft schon, wenn man Sand, Schlamm oder Erde vor und unter dem Fahrzeug wegräumt. Steile Passagen lassen sich mit einer Schaufel abflachen, zu tiefe Löcher zuschütten. Man kann eine Feuergrube ausheben, und das Ergebnis des berühmten »Spatengangs« vergräbt sich damit auch besser als mit bloßer Hand. Ob man den kleinen Klappspaten, einen ausrangierten Militärspaten oder eine große Schaufel mitnimmt, bestimmt vorrangig der Platz. Eine große Schaufel ist sicher besser als eine kleine, eine kleine besser als keine.

Beil, Säge & Astschere

Die Pfade abseits des Asphalts können schon mal ziemlich zugewachsen sein. Mehr oder weniger dicke Äste ragen in den Weg, und ab und zu liegt auch mal irgendwas quer über der Fahrspur. Ein Beil kann hier Abhilfe schaffen, ist aber für manche Arbeiten nicht unbedingt das beste Werkzeug. Mit einer Astschere lassen sich Zweige und Äste oft einfacher und schneller entfernen – natürlich nur bis zu einer gewissen Aststärke. Wird es für die Schere zu dick, hilft meist eine Klappsäge weiter. Das Beil kommt sinnvoll zum Einsatz, wenn es darum geht, Holz für das Lagerfeuer zu spalten. Dafür reicht aber meist auch ein stabiles Outdoor-Messer und ein kräftigeres Stück Holz als Schlagstock.

Markise & Tarp

Eine Markise am Fahrzeug spendet bei praller Sonne Schatten oder schützt vor Regen. Sie erweitert den nutzbaren Raum außerhalb des Fahrzeugs. Will oder kann man keine Markise anbringen, hilft auch ein Tarp. Die eine Seite lässt sich am Fahrzeug befestigen, die andere wird mit Zeltstangen abgespannt.

Navigation

Egal, ob man ein Navigations-Gerät, die App auf dem Handy, das Tablet mit der Navi-Software, die gute alte Papierkarte oder die Offline-Version von Google Maps nutzt – das verwendete Kartenmaterial sollte möglichst aktuell sein. Oft findet man im Reiseland auch Papierkarten, die detaillierter sind als die Karten, die man zu Hause bekommt.

Mensch & Tier

Gesundheits-Check

Was für das Auto gilt, gilt auch für alle Mitreisenden – egal ob Mensch, Hund oder andere Lebewesen –, die mitfahren sollen. Ein Gesundheits-Checkup vor Reisebeginn ist vor allem bei längeren Reisen ein Muss. Denn wer träumt schon davon, mit unerträglichen Zahnschmerzen noch rund hundert Kilometer bis zum nächsten Zahnarzt zurücklegen zu müssen. Über die hygienischen Aspekte in Arztpraxen und Krankenhäusern dieser Welt wollen wir an der Stelle lieber nicht spekulieren. Fakt ist: Nicht überall geht es so sauber und steril zu wie in Europa.

Aber nicht nur der Gesundheits-Check ist wichtig. Man sollte sich auch über notwendige Impfungen in den Reiseländern informieren und klären, welche Medikamente man gegebenenfalls besser dabeihaben sollte. Hierfür sollte man auch den Vorab-Check von Risiko-Gebieten oder -Ländern nicht vergessen. Dazu zählen nicht nur Gebiete, in denen es Unruhen oder Krieg gibt, sondern auch die, in denen Krankheiten oder Seuchen grassieren – und das leider nicht erst seit Corona.

Allgemeine Medikamente

Neben dem obligatorischen KFZ-Verbandskasten (Gültigkeit und Vorschriften der zu bereisenden Länder beachten) sollte man eine gewisse Auswahl an Medikamenten und zusätzlichem Verbandsmaterial dabeihaben. Schmerztabletten, Kohle-Kompretten gegen Montezumas Rache und Magnesium gegen Krämpfe gehören als Minimum in die Reiseapotheke. Salben gegen Prellungen oder Verbrennungen sind ebenfalls hilfreich, und ein Mittel gegen Erkältung kann auch nicht schaden. Alle Medikamente müssen noch haltbar sein. Das Datum, bis wann die Mittel verwendet werden können, findet man auf der Packung.

Persönliche Medikamente

Benötigt man gesonderte Medikamente, wie blutdrucksenkende Tabletten, Insulin, die Pille oder andere Mittel, sollte man sich lange genug im Vorfeld der Reise darum kümmern, dass man benötigte Rezepte bekommt und sich den für die Reise erforderlichen Vorrat besorgt. Dabei sollte auch eine Sicherheitsreserve eingeplant werden.

Nicht jedes Medikament ist in allen Ländern erhältlich – manchmal versteckt es sich aber auch hinter einem anderen Namen.

ResQ-plast
Kleinere Wunden lassen sich mit ResQ-plast schnell und sicher verbinden. Das atmungsaktive, klebstoff- und latexfreie Baumwollband von Tape Innovation ist von der Federal Drug Administration (Aufsichtsbehörde für Medizinprodukte in den USA) geprüft und für den medizinischen Gebrauch zugelassen.

Stechende Plagegeister sind nicht nur lästig, die Stiche verursachen oft auch noch eine lange Zeit Jucken oder Schmerzen. Schutz bieten Spray, Kerzen oder Anti-Mücken-Spiralen, aber auch spezielle Kleidung und Fliegengitter vor Fenstern und Türen.

Bei kleineren, blutenden Verletzungen hilft das selbsthaftende Pflasterband ResQ-plast schnell, die Blutung zu stoppen und die Wunde vor Schmutz zu schützen.

Liste Krankenhäuser & Notaufnahmen
Wohin, wenn im Urlaub etwas passiert? Sich im Vorfeld eine Liste der Krankenhäuser und Notaufnahmen zu besorgen, verschafft bei Bedarf wertvolle Zeit.

Mückenschutz
Mücken sind nicht nur lästig, sie können in manchen Regionen auch Krankheiten übertragen. Wirksamer Schutz lässt sich durch Mückenspray, mückenfeste Kleidung, Anti-Mücken-Kerzen und -Räucherspiralen sowie natürlich durch Mücken-schutzrollos und -vorhänge vor Fahrzeugfenstern und -türen erreichen.

Dokumente
Vor der Reise unbedingt prüfen, welche Dokumente benötigt werden und ob ihre Gültigkeitsdauer ausreicht. Für die Einreise in manche Länder muss der Reisepass noch mindestens ein halbes Jahr gültig sein. Außerdem ist für viele Länder ein Visum vorgeschrieben, das man rechtzeitig vor Reiseantritt beantragen muss. Für einige Länder benötigt man zusätzlich ein Fahrzeug-Carnet, das in Deutschland beim ADAC erhältlich ist. Wenn man einen Hund oder andere Tiere dabeihat, ist ein Heimtierausweis sinnvoll.

Alle Dokumente sollte man vor der Reise einscannen und auf einem USB-Stick speichern. Den Stick und zusätzlich einen Satz Ausdrucke kann man an verschiedenen Stellen im Fahrzeug aufbewahren. Zusätzlich kann man sie in der Cloud oder auf einem Server speichern, auf den man auch von unterwegs aus Zugang hat. Kommen die Original-Papiere abhanden, hat man damit zwar keinen gültigen Ausweis, ist aber auch nicht ganz ohne Papiere.

Reise-Ausrüstung

Was man an Ausrüstung, Werkzeug und Berge-Equipment mitnimmt, hängt nicht zuletzt von der Fahrzeuggröße ab. Auch Reiseziel, Reisedauer und die Ansprüche an Komfort oder den Schwierigkeitsgrad der Strecken spielen dabei eine Rolle.

Kühlbox

Nicht nur das Feierabendbier schmeckt kalt besser. Auch Grillfleisch, Butter und Käse halten sich länger, wenn sie gekühlt werden. Kleine Kompressor-Kühlboxen gibt es schon für unter 500 Euro. Thermoelektrische Boxen sind zwar für weit unter 100 Euro zu bekommen, kühlen aber immer nur bis maximal 15 Grad unter Umgebungstemperatur, daher sind sie nicht sehr effektiv. In Verbindung mit einer elektrischen Kühlbox macht ein Solarpanel Sinn, um die Batterie wieder aufzuladen.

Wasserkanister

Auch wenn man einen fest eingebauten Wassertank im Fahrzeug hat, ein zusätzlicher Wasserkanister leistet wertvolle Dienste. Sei es zum Wasserholen, wenn man nirgendwo einen Schlauch anschließen kann, als schnelle Lösung für außen oder als Notfall-Backup, wenn die Pumpe ausfällt oder das Wasser im Tank verkeimt ist.

Wasserentkeimung – Wasserfilter

Je nachdem, wo man unterwegs sein Wasser bunkert, sollte man an Mittel zur Wasserentkeimung oder einen Wasserfilter denken. Die Mittel, die man in den Tank gibt, beinhalten jedoch immer Silberionen oder Chlor. Alternativ kann man daher auch über eine Filteranlage nachdenken.

Stuhl

Klar, eine Alukiste tut es auch. Kissen drauf und fertig ist der Sitzplatz. Auf Dauer bequemer ist jedoch ein Stuhl. Für den Einsatz unterwegs sollte er zusammenklappbar und gut zu verstauen sein. Das Angebot reicht von günstigen Modellen aus dem Baumarkt bis hin zur gepolsterten Luxus-Sitzgelegenheit für über 100 Euro. Sitzen kann man auf (fast) allen.

Tisch

Will man abends in gemütlicher Runde das frisch gegrillte Steak genießen, oder am Morgen entspannt frühstücken, gehört auch ein Tisch ins Gepäck. Hier gibt es mittlerweile eine Vielzahl an klein zusammenlegbaren Varianten. Beim Kauf sollte man darauf achten, dass der Tisch nicht zu wackelig ist. Sonst fallen beim Steakschneiden schnell die Flaschen mit Grillsauce oder Bier um – besonders im letzteren Fall tragisch.

Kocher

Soll es im Urlaub nicht nur kalte Küche geben, muss ein Kocher mit. Ob fest eingebaut im Fahrzeug oder ein mobiler Kocher (zusätzlich) für draußen, der Markt bietet eine Vielzahl an verschiedenen Modellen. Ob man sich für eine oder mehrere Kochstellen entscheidet, bleibt ebenso dem persönlichen Geschmack überlassen wie die Wahl des Brennstoffs.

Will man auf der Tour Kaffee kochen oder sich eine warme Mahlzeit zubereiten, gehört ein Camping-Kocher mit ins Reisegepäck. Die Größe des Kochers hängt davon ab, wie aufwändig man unterwegs kochen will.

Feuerschale & Grill

Abends etwas grillen und anschließend am Lagerfeuer sitzen ist der perfekte Tagesausklang. Leider kann man nicht überall problemlos ein offenes Feuer entfachen. Mit einer Feuerschale lässt sich nicht nur drohende Brandgefahr minimieren, der Übernachtungsplatz bleibt auch weitestgehend sauber.

Feuerzeug

Raucher werden es nicht vergessen, Nichtraucher schon eher. Ein Feuerzeug gehört mit an Bord.

Irgendetwas muss man immer schneiden. Mindestens ein Messer sollte man also dabeihaben. Ein Multitool kann ebenfalls nicht schaden.

Um Kerzen, den Gaskocher oder das Lagerfeuer anzuzünden, braucht man eine Flamme. Die ovalen BIC-Feuerzeuge mit Feuerstein haben sich als uneingeschränkt outdoor-tauglich erwiesen.

Kochtopf & Pfanne

Selbst wenn man nur Dosengerichte aufwärmt, ein kleines Kochset gehört dazu. Sinnvoll sind zwei unterschiedlich große Töpfe mit Deckel und eine Pfanne. Der Wasserkessel sieht auf dem Lagerfeuer zwar romantisch aus, nimmt aber Platz weg. Das Kaffeewasser lässt sich auch in einem der Töpfe erhitzen.

Messer

Ein Messer muss mit. Irgendwas zu schneiden gibt es immer: Brot, Wurst, Käse, Seil, Verbandsmaterial, Wasserschlauch oder im Notfall den Sicherheitsgurt. Aber auch sonst lässt sich ein gutes Messer vielseitig nutzen. Ist es stabil genug, kann man es als Hebel oder zum Holz spalten verwenden. Empfehlenswert für den Camp-Urlaub sind Outdoor-Messer. Ein zusätzliches Taschenmesser mit mehreren Funktionen kann nicht schaden.

Kochmesser

Wer im Urlaub nur Dosen aufmacht oder überwiegend in Gaststätten verkehrt, wird ein Küchenmesser eher selten brauchen. Wer dagegen öfter oder gar täglich kochen will, kommt um ein vernünftiges Kochmesser und einen Wetzstahl kaum herum, da sich Fleisch und Gemüse damit doch besser verarbeiten lassen, als mit dem robusten Outdoor-Knife. Grundsätzlich reicht ein größeres Messer aus. Ein zusätzliches kleineres Messer schadet nicht.

Geschirr & Tassen

Direkt aus dem Kochtopf zu futtern hat zwar einen gewissen Reiz, wird aber spätestens dann zur Herausforderung, wenn man mit mehreren Personen gemeinsam essen will. Da sich teures Porzellan oder einfaches Steingut jedoch nicht so gut für den Einsatz unterwegs eignen, bleiben Metall und Melamin als taugliche Materialien für Teller und Tassen. Die Anbieter für Campingzubehör haben hier ein breites Angebot.

Gläser

Bier kann man schon mal aus der Flasche trinken. Wasser im Prinzip auch. Bei Wein hört der Spaß jedoch auf. Der schmeckt auch aus Kunststoff-Gläsern nicht wirklich. Eine gute Alternative sind die französischen Weingläser aus gehärtetem, dickem Glas. Sie sind robuster als herkömmliche Gläser und gehen daher nicht so schnell kaputt.

Müllbeutel

Der schönste Übernachtungsplatz wird schnell zur Müllkippe, wenn man seinen Abfall einfach an Ort und Stelle entsorgt. Deshalb gehören Müllbeutel in jedes Fahrzeug. Auch das Papier des während der Fahrt gegessenen Schokoriegels wandert besser in eine Mülltüte als aus dem Fenster.

Kerzen, Windlicht & Taschenlampe

Kerzen sorgen nicht nur für romantische Abende zu zweit, sondern sind als Lichtquelle auch ganz ohne Strom zu betreiben. Daher gehören ein paar Teelichter oder Kerzen unbedingt ins Gepäck. Passende Windlichter oder einfache Trinkgläser lassen sie bei Wind nicht ausgehen. Eine Taschenlampe bringt schnell und unkompliziert Licht ins Dunkel – Ersatzbatterien nicht vergessen.

Faltbare Spülschüssel

Die Kehrseite des schönsten Mahls ist der Abwasch. Dafür eignet sich im Reisemobil eine faltbare Spülschüssel. Wird sie nicht gebraucht, verschwindet sie auf kleinstem Raum, wird sie benötigt, hat sie ihren großen Auftritt.

Eine faltbare Spülschüssel hat auch in kleinen Reise-Offroadern Platz. Eine Rolle Küchenpapier dabeizuhaben kann nicht schaden.

Handfeger

Ein kleiner Handfeger schafft im und ums Auto schnell Sauberkeit und nimmt nicht viel Platz weg. Er gehört mit ins Gepäck.

Weitab jeglicher Zivilisation stehen keine Straßenlaternen. Taschenlampe und Batterien gehören daher ebenfalls mit ins Reisegepäck.

Ist man im Gelände unterwegs, gehören Staub und Dreck dazu. Ein Handfeger hilft dabei, den Reise-Allradler nicht zum Hochbeet werden zu lassen.

Toiletten- & Küchenpapier

Man sollte sich nicht darauf verlassen, dass auf jeder Toilette auch ausreichend Papier ist. Auch das »Geschäft« im Wald ist entspannter, wenn man vorher nicht eine Handvoll Blätter sammeln muss. Eine Rolle Küchenpapier hilft nicht nur in der Küche, sondern auch beim Checken des Ölstands oder kleineren Missgeschicken.

Das ResQ-rope muss durch die spezielle Flechttechnik nicht geknotet werden und ist auch unter Last in der Länge verstellbar. Das Seil ist in den Stärken 3, 4, 6, 8 und 10 Millimeter erhältlich.

Ob in der freien Natur oder auf fremden Toiletten – die eigene Rolle Toilettenpapier hilft, unangenehme Situationen zu vermeiden.

Ein Reise-Maskottchen ist sicher kein Muss, gehört aber für viele mit an Bord. Außerdem kann es dazu dienen, die Geschichten im eigenen Reiseblog aufzulockern.

Maskottchen

Hat man ein Lieblings-Kuscheltier oder ein Maskottchen, dann gehört das mit auf die Reise. Es hört bei Kummer einfach mal zu und erzählt garantiert auch nichts weiter. Es ist ein Stück Individualität und lässt sich prima als Aufhänger für die Geschichten im Reiseblog verwenden.

Eine Schnur oder Leine eignet sich nicht nur, um nasse Handtücher daran aufzuhängen. Man kann damit auch mal schnell etwas zusammenbinden oder fixieren.

Leine, Schnur & Panzerband

Das Badehandtuch aufhängen, die Markise abspannen, den Wassersack anbringen, die Hängematte aufspannen: Einige Meter Leine oder Schnur sind nie fehl am Platz. Duct Tape gilt als Universal-Hilfsmittel in vielen Situationen. Zu einem Band gedreht, lässt es sich auch als Leine verwenden.

Reisevorbereitung & -planung

Klar, eine Offroad-Reise ist ein Abenteuer, bei dem es immer Unwägbarkeiten gibt. Man fährt sich auf machen Abschnitten fest und muss das Fahrzeug immer wieder bergen. Es kommt zu Schäden am Offroader, die die Weiterfahrt verzögern oder gar unmöglich machen. Das Wetter erschwert die Weiterfahrt. Oder man verkalkuliert sich einfach mit der

Zeit, die man für eine Strecke benötigt. Aber auch das Thema Übernachtung hat so seine Tücken. Wo kann man sicher stehen? Wo kann man überhaupt übernachten? Und kann man sein Nachtlager noch bei Tageslicht aufschlagen oder wird von der Dunkelheit überrascht?

Daher lässt sich so eine Reise nur schwer planen – bis ins kleinste Detail schon gar nicht. Dennoch kann es sinnvoll sein, vorab eine grobe Planung zu machen: Die Reiseroute abzustecken, Alternativrouten zu bestimmen und eventuell Übernachtungsplätze oder gerade Fähren schon vorab auszusuchen und wenn nötig auch schon zu buchen. Letzteres ist zum Beispiel wichtig, wenn man in Afrika in Lodges übernachten will, wie Dorothee und Wolfgang das auf ihrer Namibia-Botswana-Tour zum Teil gemacht haben. Das hat Vorteile, aber eben auch ein paar Nachteile. Schnell gerät man unter Zeitdruck, wenn unterwegs Unvorhergesehenes passiert oder man irgendwo länger als geplant verweilt. Gleichzeitig bietet es aber auch eine gewisse Sicherheit – zum Beispiel vor wilden Tieren oder wenig freundlich gesonnenen Menschen.

In vielen Gegenden, in die es Overlander zieht, ist es jedoch schwierig bis unmöglich, vorab einen Stellplatz für die Nacht oder eine Unterkunft zu suchen. Entweder gibt es keine, oder die eigenen Reisegewohnheiten sprechen eben einfach dagegen. Und oft genug sucht man eine halbe Ewigkeit nach einem geeigneten Platz. Daher sollte man frühzeitig am Tag damit anfangen, nach einem Platz für die Nacht Ausschau zu halten, wenn man noch nicht weiß, wo man übernachten kann. Meine Frau und ich sprechen da aus leidvoller Erfahrung, denn wir haben schon öfter bis tief in die Nacht nach einem passenden Plätzchen gesucht.

Hinzu kommt das Thema Sicherheit am Übernachtungsplatz. In manchen Gegenden kann es daher ratsam sein, bei der zuständigen Polizeistation im Ort vorstellig zu werden und nachzufragen, wo man sich denn hinstellen kann. Das hat nicht nur den Vorteil, dass die Ordnungshüter wissen, was da für ein Fahrzeug steht und wer darin unterwegs ist. Das erspart einem dann auch, in der Nacht aus dem Schlaf gerissen zu werden, weil jemand energisch an der Tür klopft. Nicht selten darf man die Nacht dann auch gleich auf dem Hof der Polizeistation oder in deren Nähe verbringen. Allerdings sollte man sich vorab mit der allgemeinen Situation des jeweiligen Landes vertraut machen. Polizei ist durchaus nicht überall auf der Welt gleich Polizei.

Sicher macht es auch noch einen großen Unterschied, ob man zwei oder drei Wochen Offroad-Urlaub macht oder für eine längere Zeit unterwegs ist und sich einfach treiben lässt. In beiden Fällen sollte man sich jedoch – ebenfalls schon im Vorfeld – auch Gedanken über die Versorgung machen.

Wasser und Treibstoff sind hierbei die wichtigsten Dinge, die man unterwegs nachfüllen muss. Hier sollte man den Vorrat ans Reiseziel anpassen. Für beides lässt sich ein Zusatzvorrat in Kanistern mitnehmen. Sich über das Tankstellennetz im Reiseland und die Möglichkeiten, dort Wasser zu bunkern, vorab zu informieren, bewahrt einen vor unliebsamen Überraschungen. Denn nicht überall findet man – so wie wir vor ein paar Jahren – einen Bauern, der glücklicherweise einen Dieseltank in der Scheune stehen hat und einem einige Liter Diesel (zum doppelten Preis) verkauft.

Das Thema Lebensmittel gehört ebenfalls zu den Dingen, die man je nach Reiseart und -land etwas planen sollte. Kann man vor Ort täglich problemlos einkaufen und hat auch Spaß daran, oder muss man einen Vorrat für einen längeren Zeitraum einplanen? Zumindest kann es in keinem Fall schaden, einen gewissen Vorrat an lang haltbaren Lebensmitteln im Fahrzeug zu haben. Gibt es – aus welchem Grund auch immer – nichts zu kaufen, muss man trotzdem nicht hungern.

Checkliste Reisevorbereitung

Fahrzeug & Co.	ja	nein		
Fahrzeug durchgecheckt				
Reparaturen durchgeführt				
Spezialwerkzeuge notwendig				
Handschuhe eingepackt				
	ausgewählt/besorgt/montiert		eingepackt	
	ja	nein	ja	nein
Ersatzteile				
Werkzeug				
Spezialwerkzeuge				
Werkstatthandbuch				
(Marken-)Werkstattliste				
Markise, Tarp				
Navigationssystem				
Berge-Equipment				
Berggegurte, Bergeseil				
Schäkel				
Seilwinde				
Schaufel				
Sandbleche				
Beil, Säge, Astschere				
Hi-Lift				
Mensch & Tier – Gesundheit	ja	nein		
Gesundheitscheck durchgeführt				
Zähne in Ordnung				
notwendige Impfungen durchgeführt				
	ausgewählt/besorgt/beantragt		eingepackt	
allgemeine Medikamente				
Verbandsmaterial				
persönliche Medikamente				
Mücken- und Sonnenschutz				
Liste Krankenhäuser & Notaufnahmen				
Mensch & Tier – Dokumente	ja	nein	ja	nein
	ausgewählt/besorgt/beantragt		eingepackt	
Reisepass (Gültigkeit)				
Visa				
Führerschein				
Fahrzeugpapiere				
Carnet de Passage				
Heimtierausweis				
Dokumente kopiert/eingescannt				
Reise-Ausrüstung	ja	nein	ja	nein
	ausgewählt/besorgt		eingepackt	
Kühlbox				
Wasserkanister				
Wasserentkeimung, Wasserfilter				
Stuhl				
Tisch				
Kocher				
Feuerschale & Grill				
Feuerzeug				
Kochtopf & Pfanne				
Messer				
Kochmesser				
Geschirr & Tassen				
Gläser				
Müllbeutel				
Kerzen, Teelichter				
Taschenlampe				
Faltbare Spülschüssel				
Handfeger				
Toiletten- & Küchenpapier				
Leine, Schnur, Panzerband				
Maskottchen				

20 Reiseberichte

Einfach losfahren und den Alltag hinter sich lassen. Auf Offroad-Routen und holprigen Pisten jenseits befestigter Straßen unterwegs sein: Das Allrad-Reisemobil bringt uns zu unseren Sehnsuchtsorten und wird derweil zum mobilen Zuhause.
Hier erzählen passionierte Overlander und Offroad-Reisende, was sie auf Tour erlebt haben und wie es ist wochenlang unterwegs zu sein, fremde Kulturen kennenzulernen, atemberaubende Landschaften zu entdecken und brenzlige Situationen zu meistern. Unsere Weltkarte zeigt, wo ihre Reisen hinführten.

Bolivien S. 142

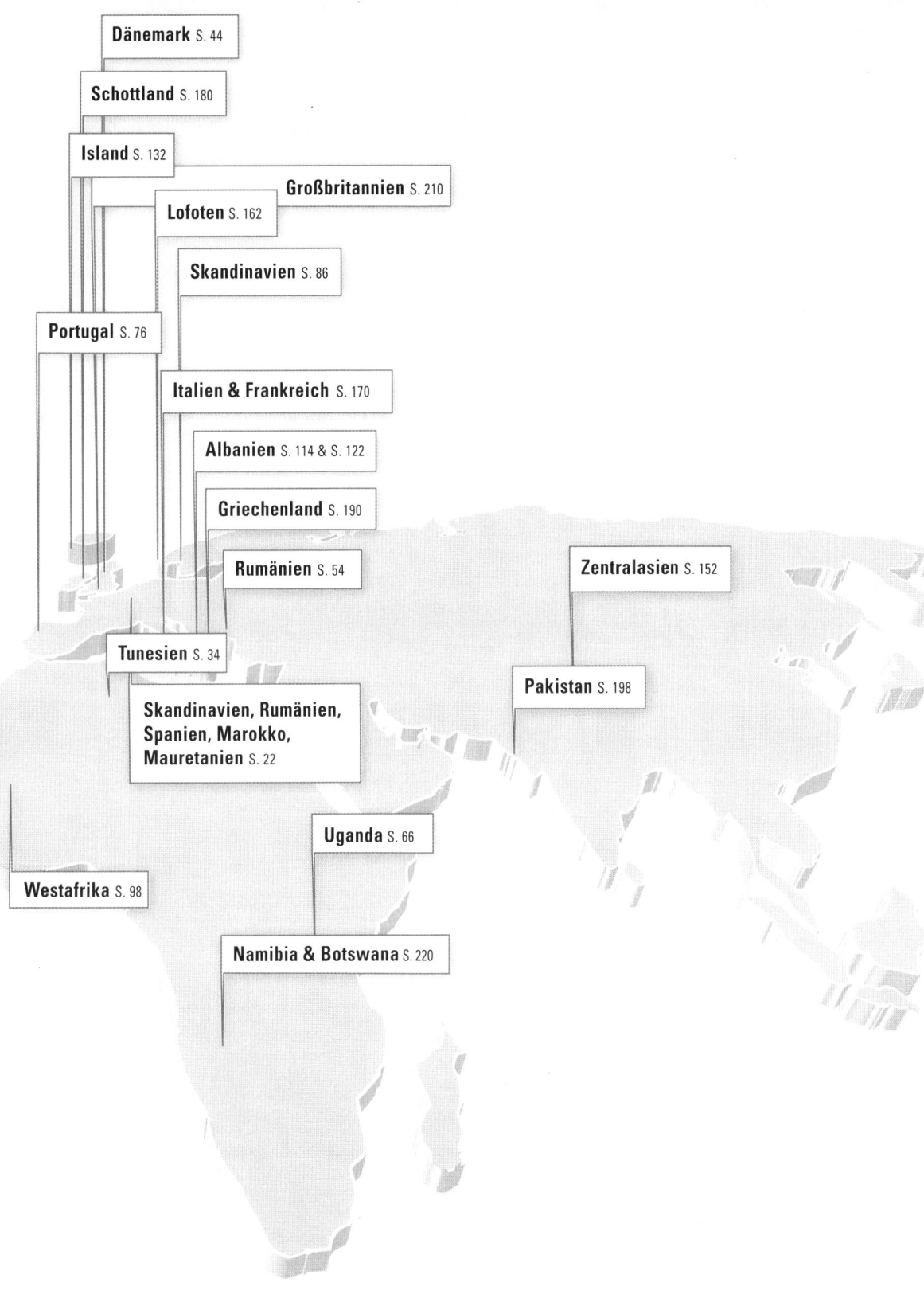

Tine und Michael Dennig lieben die Wüste. Mit ihrem Unimog nehmen sie fast jedes Jahr eine Auszeit zwischen Sand und Sternenzelt. Ihre ersten Offroad-Reisen unternahmen sie noch im Land Rover Defender. In ihrer Reisegeschichte »Das Schmetterlingshaus« beschreibt Tine, wie sie auf den gemeinsamen Touren von der einfachen Autofahrerin zur Offroad-Reisenden wurde.

Text: **Tine Dennig**
Fotos: **Tine & Michael Dennig**

Wie unfassbar weit die Wüste ist, wird erst aus der Vogelperspektive wirklich sichtbar. So weit wie hier kann der Blick sonst nur auf dem Meer schweifen.

Das Schmetterlingshaus

**Fahrzeug erste Reisen
(Skandinavien, Rumänien, Pyrenäen, Marokko):**

Land Rover Defender 110 Station Wagon, anfänglich ohne Umbauten, später mit Dachzelt und Umbauten von 4WARD4x4 Equipment.

Fahrzeug spätere Reisen (Marokko & Mauretanien):

Unimog mit Atlas4x4-Umbau.

(Michael ist Inhaber der Firma, das Fahrzeug Vorführmodell und eigenes Allrad-Reisemobil).

Der selbst gefangene Lachs sorgt mit einem letzten Muskelzucken für eine Schrecksekunde.

Frischer kann man Fisch nicht bekommen.

*M*ein Mann Michael steht mit der Kamera etwa anderthalb Meter vor mir, drückt auf den Auslöser und in dem Moment passt alles: Eben noch lag der selbst geangelte Lachs in meinen ausgestreckten Handflächen, im Hintergrund schäumt das Meer – den Bruchteil einer Sekunde später springt der Fisch einen unglaublichen halben Meter in die Höhe und Entsetzen malt sich in mein Gesicht. Das Ergebnis ist ein wunderbar lebendiger Schnappschuss. Kurz frage ich mich, ob ich zu ungeschickt war, den Lachs zu töten, doch dann erschlaffen seine letzten Zuckungen und ich bereite ihn voller Lust hier draußen auf dem kleinen Camping-Kocher zu, würze mit einem Spritzer Weißwein und etwas Pfeffer. Vorsichtig schiebe ich den ersten Happen Lachs in den Mund, zerdrücke das zarte Fleisch am Gaumen und schmecke mehr Frische als jemals zuvor.

Das Ergebnis ist ein wunderbar lebendiger Schnappschuss.

Nur einen Steinwurf weit vom Meer nächtigen wir zwischen wilden Hecken und bemoosten Bäumen. Unser Schlafgemach ist der rustikale Laderaum eines Land Rover Defender. Das Allrad-Urgestein ist wie gemacht, um auf Achse zu sein, heute hier und morgen dort. Bei der Fernsehserie »Daktari« brauste solch einer durch die Steppe Afrikas. Unseren haben wir vor wenigen Tagen mit ein paar Dellen und einigen zehntausenden Kilometern auf dem Tacho gekauft, Wasserkanister, Matratze, Kulturbeutel verstaut, und sind hierher in den Norden Europas aufgebrochen.

Die erste Tour mit dem Defender führt nach Skandinavien. Die Fjorde laden zum Angeln ein.

Skandinavien

Ein einfacher Gaskocher, eine Pfanne, etwas Öl und Gewürze und frischer Fisch – was braucht man unter freiem Himmel mehr?

Nach einer kalten Nacht in Schweden haben wir bei Ikea eine Daunendecke nachgerüstet. Unter der liegen wir jetzt satt und glücklich. Während die Sommersonne mal kurz ins Meer stippt, erlebe ich hinter den vielen Fensterflächen im Heck des Station Wagon eine Metamorphose. Bisher war ein Auto für mich ein fahrbarer Untersatz, ich habe auch überhaupt keine Ahnung von Autos. Doch dem Erbauer des Daktari-Wagens ist ein Brückenschlag gelungen: Die kantige und hochbeinige Karosserie bedeutet mir etwas. Sie ist kuscheliger Kokon und zugleich Einladung, die Welt da draußen zu entdecken.

Der Defender ist eine Einladung, die Welt da draußen zu entdecken

Während der Defender auf den ersten Reisen noch spartanisch ausgestattet war, wurde er nach und nach aufgerüstet. In Rumänien waren dann schon Dachzelt und sinnvolle Einbauten montiert.

Eine Zeitlang suchen wir das Abenteuer in Transsilvanien und Europa. Doch in den Pyrenäen gehen so kräftige Schauer über uns nieder, dass wir lieber dem Sommer hinterher ziehen. Einmal Afrika auf eigene Faust erleben, wer träumt nicht davon? So geht es weiter nach Marokko.

Die ursprüngliche Landschaft der Pyrenäen begeistert, das Wetter eher weniger. Hier fällt der Entschluss nach Afrika überzusetzen, dem Sommer hinterher.

Es ist mein zweiter Tag jenseits der Straße von Gibraltar. Ich sitze zwischen marokkanischen Frauen auf dem Boden einer kleinen Lehmhütte. Durch ein einziges Fenster fällt etwas Licht ins Innere. Die Wände sind unverputzt. In der Mitte des Raumes steht ein altes Ölfass, das als Ofen dient. Ich schneide Gemüse fürs Abendessen. Neben mir rupft eine der Frauen ein Huhn, das eben noch vor der Hütte auf der Erde herumpickte. Von dem runden, aus Lehm gebrannten Schmorgefäß, das auf einem einfachen Gaskocher steht, steigt duftender Dampf auf. Alle paar Minuten geht die Tür auf: Familienangehörige, die uns neugierig anschauen und gleich wieder verschwinden. Mit jedem Atemzug steigen neue, überraschende Düfte in meine Nase. Ein Mädchen mit wunderbar wilder Krausmähne kommt die wenigen Schritte auf mich zu und fasst mit einer schnellen Bewegung in mein glattes Haar, das ihr sonderbar platt vorkommen muss.

Oasen sind die grünen Gärten der Wüste. Die schroffen Felsen bieten mit ihren 1000 Brauntönen das Kontrastprogramm.

Wo geht es lang? Die oft unscheinbaren Pisten kann man schnell verfehlen.

Die Gastfreundschaft der hier lebenden Menschen ist unbeschreiblich. Die einzelne Kuh ist stolzer Besitz und musste mit aufs Abschiedsfoto.

Gegessen wird mit der Hand. Aber nur mit der rechten. Doch für uns holen sie bei den Nachbarn zwei Gabeln. Kartoffeln, rote Paprika und Zwiebeln sind weich geschmort und haben eine außergewöhnlich dunkelgelbe Farbe. Das saftige Hähnchenfleisch lässt sich ohne Mühe vom Knochen lösen. Ich schmecke einen Hauch von Zimt, vielleicht auch Anis, vor allem aber schmeckt die Tajine wie Afrika: unbekannt, würzig, neu und aufregend.

Für das Abschiedsfoto wechselt die Frau des Hauses ihren abgewetzten Umhang gegen einen mit grünem Blumenmuster, zieht mich an der Hand zur Tür hinaus und steuert zielgerichtet dorthin, wo eine einzelne Milchkuh auf der Wiese grast. Sie und die Kuh posieren neben mir, dazu der Blick ihrer tiefschwarzen Augen, der etwas Stolzes und Feierliches hat. Mein Mann Michael schießt ein weiteres Foto von den Männern der Familie, wie sie sich in Pose werfen neben unserem Land Rover.

Bei den Locals ist der Defender beliebt. Kein Wunder, ist er dank der Bodenfreiheit und der Geländeuntersetzung doch wie gemacht für afrikanische Buckelpisten. Je weiter wir uns dem Süden nähern, umso öfter sehen wir ihn, meist bis übers Dach vollgepackt, alt und klapprig – was sich irgendwie reparieren lässt, fährt hierzulande weiter.

Wir fahren durch M'hamid, das letzte Dorf vor der größten Sandwüste in Marokko. Mein Blick fällt auf die indigoblauen, kunstvoll gewickelten Kopfbedeckungen der Männer, die den traditionellen Turban vielleicht auch tragen, um Touristen anzulocken, mit dem Mythos der Tuareg, deren Zuhause schon immer die Wüste war. Schließlich verschwinden die letzten Reste Teer. Jetzt gibt es nur noch uns, den Land Rover und die Wüste. Ich gebe zu: Ich habe Muffensausen. Was, wenn wir die Orientie-

Der Land Rover begegnet einem hier überall. Meist ist er bis über's Dach vollgepackt und völlig überladen.

Nachdem der Defender auf Dauer zu klein wurde, geht es jetzt mit dem Unimog in den riesigen Sandkasten.

gleich wird mir flau. Was, wenn das Auto in den steilen Dünen kippt? Ausgerechnet jetzt kommt Wind auf. Der feine Sand bleibt auf unseren verschwitzten Gesichtern kleben. Auf der Haut. Auf den Lippen. Am Rand entlang schaffen wir es – nein, von Schaffen kann nicht die Rede sein – mit jedem Meter im weichen Sand macht es mehr Spaß, und der Land Rover ist jetzt ganz in seinem Element. Es ist ein Dahingleiten. Leicht und mühelos.

Was, wenn wir die Orientierung verlieren? Was, wenn das Auto liegenbleibt? Was, wenn wir entführt werden? rung verlieren? Was, wenn das Auto liegenbleibt? Was, wenn wir entführt werden? Vielleicht sind die Tuareg ja gar nicht so freundlich, wie es den Anschein hat.

Wir tun es trotzdem. Alle unsere Sinne sind hellwach. Dennoch verfehlen wir mehrfach die unscheinbare Piste und verfahren uns in den zahlreichen ausgetrockneten Flusstälern. Vereinzelt gibt es ein paar verdorrte Sträucher oder irgendwelche Hartblattgewächse.

Dann erheben sich aus der Ebene vor uns die großen Sanddünen. Sie sind der Knaller, doch zeit-

Als der Abend sein unverwechselbares Licht über die Wüste gießt, die Schatten länger und dunkler werden, legt sich der Wind, und wir legen uns auf die monströse, eckige Motorhaube. Keine Menschenseele, nirgends. Wir reden nicht viel. Nicht zuletzt weil uns diese Weite um uns herum sprachlos macht. Ich lausche der ohrenbetäubenden Stille. Es ist, als spinne die Wüste einen Kokon um mich und als verwandle sich in mir drin etwas: Noch bin ich ein völliger Neuling, aber schon dabei, mich hoffnungslos zu verlieben.

Das wüstenhafte Marokko wird so etwas wie unsere zweite Heimat, bis eines Tages uns die Sehnsucht nach der echten Wüste packt und wir, nun mit dem Unimog, in Mauretanien in der nördlichen Sahara einen schier endlosen Ozean aus Sand queren, der lässt Marokkos Sandwüste – gewissermaßen unsere Ein-

Ein Mauretanisches Wüstenkrokodil – ein Relikt aus jener Zeit, in der die Sahara noch grün war.

Indigo ist die typische Farbe der Menschen in der Sahara. Die Farbe, die aus der Indigo-Pflanze gewonnen wird, steht in intensivem Kontrast zu den Ockertönen der Wüste.

Mauretanien

stiegsdroge – zu einem Sandkasten für große Kinder schrumpfen, zu einem Sonntagsausflug ins Grüne. Ich lasse mich auf dem heißen Wüstensand nieder und verbrenne mir fast meine Füße. Wie durch Zauberei erscheinen strahlend gelbe Schmetterlinge. Ich staune, hier, wo starke Stürme tagelang Sand und Staub aufwirbeln, wirken sie noch so viel zarter, und dennoch haben diese kleinen Falter so heftig aus der Puppenhülle ins Freie gedrängt, um in die Welt hinaus zu fliegen.

Und dann tanzen sie mit ihren kleinen Flügeln im gleißenden Sonnenlicht hochzufrieden weiter. Es sind sonst nur Sanddünen zu sehen, mit welch anmutiger Schönheit sie sich in den stahlblauen Himmel schwingen.

Wie durch Zauberei erscheinen strahlend gelbe Schmetterlinge

Nach vielen Reisen in die Wüsten Marokkos ruft das Abenteuer Mauretanien. Auch hier sind die Sonnenuntergänge atemberaubend.

Literatur

Pistenkuh GPS Offroad Tourenbuch Pyrenäen
Pistenkuh GPS Offroad Tourenbuch Marokko
Pistenkuh GPS Offroad Tourenbuch Mauretanien

> Julia und Benno Wieser sind mit ihrem umgebauten Toyota Buschtaxi zu einer selbstorganisierten Gruppenreise nach Tunesien aufgebrochen. Und wieder ist es die Wüste, die auch diese beiden in ihren Bann zieht.
>
> Text & Fotos: **Julia Wieser**

Auf dem Weg zum roten See

Sandplatz in Übergröße

Mittelmeer

La Louza

Gabès

TUNESIEN

Douz

Matmata

ALGERIEN

LYBIEN

START

Fahrzeug (Tunesien):

Toyota Land Cruiser HZJ 78 mit höherem Fahrwerk, größeren Rädern, Seilwinde, Klappdach mit Bett, 270-Grad-Markise und Innenausbau mit Küchenblock, Sitzgelegenheit und Stautaschen an Kederschienen.

Tunesien

Ein unfreiwilliger Stopp auf einer Düne.

Dumpf dringen die Motorengeräusche unserer Geländewagen durch die staubigen Straßen des verschlafenen La Louza. Von den Terrassen der Teehäuser folgen uns neugierige Blicke, als wir das Dorf an der Ostküste Tunesiens passieren. Wir sind auf dem Weg zu einem Campingplatz am Meer, auf welchem wir uns zu einer bunten Gruppe Offroadverrückter zusammenschließen werden. Acht Autos, ein LKW und ein Unimog. Die Dünen der Sahara sind das Ziel. Ein Sandspielplatz für Erwachsene mit perfekt ausgestatteten Spielzeugen.

Bevor wir die Zivilisation verlassen, stocken wir am nächsten Morgen unsere frischen Vorräte in einem Krämerladen am Straßenrand auf. Vom fremdländischen Ansturm verunsichert, verrechnen sich die Verkäufer immer wieder, vergessen die Zitronen und packen Tomaten und Gurken in falsche Tüten. Verhungern müssen wir dennoch nicht. In unserem Toyota Land Cruiser HZJ 78 sind wir bestens mit Lebensmitteln, Wasser und Sprit für mehrere Tage Einsamkeit gerüstet.

Der Weg zum Zeltcamp Zmela am Rande des Östlichen Großen Erg ist kilometerlang von Olivenhainen gesäumt. Uralte Bäume wachsen hier seit hunderten von Jahren in perfekt angeordneten Reihen. Dann wird die Landschaft karg, und dann kommt der Sand. Die richtige Strecke erkennt man an ein paar Autospuren und irgendwann an einem einsamen Wegweiser. Wir erreichen das Camp, als die Sonne bereits hinter den ersten Dünen verschwindet und die Wolken in rote Flocken färbt.

Unsere Guides genießen den Schatten.

Mit Hilfe eines anderen Fahrzeugs ...

Früh morgens starten wir in das Meer aus Sandhügeln. Es gibt jetzt kein Zurück mehr. Wie lange die Tour dauern wird, ist abhängig vom Untergrund und unseren Fahrkünsten. Die letzten Zelte sind noch in Sichtweite, als der LKW bereits mit der Nase in einer Senke hängt und mit zwei Seilwinden herausgewinscht werden muss. Kurz darauf fehlt dem Hilux der Schwung, um auf die nächste Düne zu gelangen und Platz zum Zurücksetzen. Auch unsere Guides, deren Begleitung in der Wüste verpflichtend ist, versinken regelmäßig im Sand. Wir überfahren die ersten Dünen noch übermütig, mit zunehmender Höhe holt uns die mangelnde Erfahrung aber schnell ein. Der Sand ist durch den Regen der vergangenen Tage relativ fest, dennoch stoppen wir oft zu früh und bleiben zielsicher auf der Dünenkuppe sitzen. Ohne Hilfe gibt es dann kein Vor und Zurück. Wir lernen im richtigen Tempo so weit hinauf zu fahren, dass unser Auto bereits wieder in leichter Neigung zum Abhang steht. Sind wir zu langsam, schaffen wir es nicht hinauf, sind wir zu schnell und müssen stark abbremsen, landen wir krachend auf dem Unterboden – eine mitunter schmerzvolle Erfahrung für die Lendenwirbel! Um unbequeme Überraschungen dieser Art zu vermeiden, halten wir uns unauffällig hinter den Profis. Die haben sich ihr Können bei zahlreichen Touren durch die Wüsten Marokkos, Tunesiens und Algeriens angeeignet. Spielend fahren sie über alle möglichen und unmöglichen Stellen und retten ganz nebenbei auch noch die Steckengebliebenen.

Am Ende einer Dünenreihe stehen wir erstmals vor einer sehr hohen Abwärtsfahrt. Unsicher lenken wir das Fahrzeug in Falllinie und lassen uns rutschen. Es passiert – nichts! Wir müssen sogar Gas geben um vorwärts zu kommen und gelegentlich gegenlenken, um nicht aus der Spur zu geraten. Dann landen wir nach der Anfahrt einer Düne in einem äußerst ungünstigen Winkel hinter der Kuppe. Unser 3,5 Tonnen schweres Auto neigt sich bedenklich zu meiner Seite und droht zu kippen. Herzklopfend klettere ich aus dem Wagen und flüchte. Unter Anleitung gelingt es Benno, das Auto Richtung Dünentrichter auf die sichere Spur zurückzulenken, doch das Adrenalin rast durch unsere Adern.

Tunesien

Auf unserem Weg passieren wir den Verlorenen See. Oder auch Roten See. Oder Ain Ouadette. Es gibt viele Namen für die aneinander gereihten Wassertümpel. Das Frischwasser stammt aus einer Bohrung, die ursprünglich für die Erdölförderung angelegt wurde und Anlaufpunkt vieler Offroader ist. Ein Ziel in der Wüste, sogar mit Verpflegung. Cola und Limo bekommt man in der

Ein Ziel in der Wüste, sogar mit Verpflegung

... werden wir über die Kuppe gezogen.

Kaffeepause im Wüstencafé.

Hütte unter einem Strohdach serviert und frischen Kaffee oder Tee, der auf einem altertümlichen Gasherd mit altersmäßig passender Gasflasche gekocht wird. Unser Kaffee ist typisch arabisch – mit viel Satz am Boden, dickflüssig und klebrig süß.

Zum Campen bleiben wir hier nicht. Unsere Nachtlager schlagen wir in den kommenden Tagen in schmalen Tälern auf. Die vereinzelten, trockenen Büsche liefern Brennholz für das abendliche Lagerfeuer, das die heraufkriechende Kälte vertreibt. Um das Feuer sitzend schlagen wir abwechselnd Eiweiß zu Eischnee, aus dem wir den Teig für Kaiserschmarrn machen. Dazu gibt es Apfelmus aus dem Tetrapack. Unsere Guides backen in der heißen Glut Sandbrot, klopfen die Reste der Asche und des Sandes ab und reichen uns dazu nach Zimt duftenden Tee. Der Mond ist an diesen Abenden groß und rund. Sobald er sich über die dunklen Hügel schiebt, strahlt er sein silbernes Licht über die Wüste und unser Lager.

Und wieder sind wir im tiefen Sand aufgesessen.

Wir sind bereits weit weg von den üblichen Routen, und der Sand wird von Tag zu Tag weicher. Als wir in einem Tal auf flachem Boden zu langsam werden, drehen die Reifen durch, wir sitzen auf. Nichts geht mehr. Sobald wir Gas geben, gräbt sich das Auto nur noch tiefer in den Sand. Unsere Profis wollen helfen, müssen sich nach kurzen Versuchen aber selber bergen lassen.

> Nichts geht mehr – sobald wir Gas geben, gräbt sich das Auto nur noch tiefer in den Sand

Es scheint, als gäbe es hier keinen Boden. Irgendwie gelingt es, uns gegenseitig auf festeren Untergrund zu ziehen. Jetzt ist aber klar, die großen Dünen von Sif es Souane werden wir nicht mehr erreichen können. Unsere Guides hatten uns vorgewarnt. Dann platzt bei dem LKW ein Reifen, und bei einem Toyota rächt sich die aufgeschobene Reparatur des Differentials, das jetzt den Geist aufgibt. Das kostet Zeit und Geduld. Alleine und ohne helfende Hände durch die Wüste zu fahren ist undenkbar. Gemein-

Unser Nachtlager im Dünental.

sam beschließen wir, uns auf den Rückweg zu machen. Es wird der anspruchsvollste Tag der Tour werden, an dem wir viel Zeit für sehr wenige Meter benötigen. Wir fahren gegen die Windrichtung und haben kurz unter den steilen, meterhohen Kuppen sehr weichen Sand.
Zwischen den Dünen liegen tiefe, unpassierbare Trichter. Die Übung der letzten Tage scheint umsonst und die Male, in denen sich unser Auto in den Sand gräbt, werden zur Geduldsprobe. Mit zunehmender Hitze um die Mittagszeit werden die schweißtreibenden Bergungen von hunderten lästiger Fliegen begleitet. Und da gibt es diesen Moment, in dem ich mich frage: »Warum mache ich das eigentlich?«. Die Antwort finde ich, als wir pausieren. Als wir ganz oben stehen, auf einer der höchsten Dünenketten, unsere Campingstühle ausklappen, unsere nackten Füße in den warmen Sand graben, Espresso kochen und die letzten Krümel des betagten Kuchens naschen. Den Blick in die Unendlichkeit der Sahara gerichtet, das Licht und die Farben der Sandberge, diese absolute Stille. Erhebend!

Je weiter wir aus dem Erg fahren, desto fester wird der Untergrund wieder. Am letzten Tag ist der Sand so hell, dass man kaum noch Konturen erkennen kann. Die Tafelberge von Tembaine verschmelzen am Horizont mit dem Himmel. Wir fahren wie die Profis über die letzten Dünen und fliegen, eine große Staubwolke hinter uns herziehend, über zunehmend mehr Schotterpisten. In Tembaine halten wir nochmals gemeinsam an einem Café. Wir sind die einzigen Gäste. Der Wirt freut sich über den Besuch und bäckt für uns Brik, die tunesischen Teigtaschen, gefüllt mit Ei und Kartoffeln. Ab hier fahren wir nicht gemeinsam weiter. Der Weg nach Douz ist mit GPS gut alleine zu fahren, schwierige Sandpassagen wird es nicht mehr geben. Nach Tagen ohne Handy, ohne Straßenlärm und belebte Restaurants, ohne spielende Kinder und bellende Hunde empfängt uns mit all dem die Oasenstadt Douz. Das Tor zur Sahara. Es wird noch etwas brauchen, bis wir wieder ankommen – zurück in der Gegenwart.

Tipps

Reisezeit & Klima

Das Klima in Zentral- und Südtunesien unterscheidet sich von der Mittelmeerregion im Norden mit geringeren Niederschlägen und deutlich höheren Temperaturunterschieden im Jahresverlauf.
In den trockenen Wüstengebieten wird es im Sommer mit bis zu 50 Grad extrem heiß, während im Winter auch Bodenfrost möglich ist. Auch im Tagesverlauf kann es große Schwankungen geben.
Als gute Reisezeit eignen sich die moderaten Zeiten im Frühjahr und Herbst.

Einreise & Anreise mit dem eigenen Auto

Bei einem Aufenthalt von bis zu drei Monaten reist man mit gültigem Reisepass visumfrei ein. Der Pass muss ab der Einreise mindestens sechs weitere Monate gültig sein.
Autofähren der CTN (ctn.com.tn), der Grimaldi Lines (www.grimaldi-lines.de) und der Grandi Navi Veloci (www.gnv.it) setzen von mehreren italienischen und französischen Häfen nach Tunis über. Zur Einreise benötigt man die grüne Versicherungskarte, dazu empfiehlt sich eine Vollkaskoversicherung und eventuell eine Diebstahlversicherung für das Gepäck.

Straßenverhältnisse & Wüstentour

Die Hauptstraßen sind zumeist in sehr gutem Zustand, der Fahrstil der Einheimischen gewöhnungsbedürftig. Auf Nebenstraßen und bei Nachtfahrten sollte man sich auf gelegentliche Schlaglöcher, unzureichend beleuchtete Autos oder Eselkarren einstellen.
Wüstentouren im Alleingang sind auch mit Erfahrung im Sandfahren selbstmörderisch. Mit einem tunesischen Guide oder in einer organisierten Tour lässt sich der Offroadspaß in der Wüste risikoarm genießen.

Gesundheit

Um einer Reisekrankheit vorzubeugen, sollte man kein Leitungswasser trinken und Flaschenwasser auch zum Zähneputzen nutzen. Gekochte und selbstgeschälte Lebensmittel sorgen zusätzlich unangenehmen Bauchproblemen vor. Seltenen Infektionen durch Mücken kann man mit langärmeliger, heller Kleidung und Repellentien vorbeugen, im zentralen Tunesien meidet man Süßgewässer zum Baden wegen einer möglichen Bilharziose-Infektion. Die medizinische Versorgung ist außerhalb Tunis eingeschränkt, weshalb sich

eine Auslandsversicherung mit der Option eines Rücktransportes empfiehlt.

Sicherheit

Tunesien ist ein grundsätzlich sicheres Reiseland. Das auswärtige Amt warnt jedoch vor einem erhöhten Entführungsrisiko insbesondere in den Wüstenregionen südlich und südöstlich von Tozeur und Douz. Auch deshalb ist ein einheimischer Guide oder das Reisen innerhalb einer Reisegruppe angeraten. Das Risiko eines Terroranschlages ist nach den Vorfällen der vergangenen Jahre immer noch gegeben. Über die aktuelle Lage kann man sich beim Auswärtigen Amt informieren (www.auswaertiges-amt.de).

Übernachten & Camping

Tunesien ist größtenteils für den Pauschaltourismus ausgelegt. In den touristischen Gebieten an der Küste und in größeren Ortschaften gibt es zahlreiche Hotels in unterschiedlichen Kategorien. Die Auswahl an Campingplätzen ist überschaubar, und teilweise sind diese in einem traurigen Zustand. Eine Liste von Campingplätzen, die vereinzelt bewertet sind, findet man hier: www.offroadreisen.org, www.campingo.de. Das Campen in einer Wüstenoase oder zwischen Dünenketten ist zweifelsfrei ein Erlebnis der besonderen Art und auch in geführten Touren fester Bestandteil.

Zusatzinformationen & Kontakte

Deutsche Botschaft in Tunis: 1, Rue el-Hamra, Mutuelleville, Tunis, Telefon +216 717 864 55, www.tunis.diplo.de
Fremdenverkehrsamt Tunesien, Bockenheimer Anlage 2, 60322 Frankfurt am Main, Telefon +49 691 338 350, www.tunesien.info.
Ambulanz Tel: **190**; Polizei Tel: **197**;
Touring Club de Tunisie Tel: +216 713 231 14.
Offlinekarten: www.gurumaps.app

Literatur

Reise Know-How – Tunesien
Marco Polo – Tunesien
Reise Know-How Landkarte Tunesien 1:600.000
Michelin-Karte 744 Tunesien 1:800.000

Dänemark ist von Deutschland aus innerhalb weniger Stunden zu erreichen, und ... die Dänen erlauben streckenweise das Autofahren am Strand! An vielen Strandabschnitten liegen außerdem ehemalige Wehrmachtsbunker, die zum Teil zu Kunstwerken geworden sind. Mein Freund Martin ist für ein verlängertes Wochenende losgezogen um beides zu erkunden.

Text & Fotos: Martin Zink

Ganz nah am Meer

Strand & Bunker

Lokken

DÄNEMARK

Blavand

Römö

○ START

Fahrzeug (Dänemark):

Ford Ranger Wildtrack mit Mud-Terrain Bereifung und Schnorchel.

Freizeitparadies: Am Strand von Rømø tummelt sich alles, was ans und ins Wasser will.

Dänemark

Wer eine Wochenend-Offroadtour sucht, wird in Dänemark fündig. Wenige hundert Kilometer von Deutschland entfernt, liegen die nördlichen Strandabschnitte Dänemarks. Dort errichteten die Nazis ab 1942 eine riesige Bunkeranlage, die das dritte Reich vor Angriffen der Alliierten schützen sollte. Als Teil des mehr als 2800 Kilometer langen Atlantikwalls sollte das Anlanden der alliierten Streitkräfte verhindert werden. Zum Glück gelang es die Nazibauten einzunehmen.

Noch heute liegen einige dieser Anlagen an und auf den Stränden der dänischen Küste. Zum Teil durch tausende Zwangsarbeiter errichtet, sind die Bunkeranlagen keine reinen Sightseeing-Ziele. Sie sind ebenso Ort einer schrecklichen Vergangenheit und sollten demnach gerade mit Kindern nicht unreflektiert besucht werden. Dennoch sind die Bunker spannend anzuschauen. Sie liegen an vielen Orten Dänemarks versunken im Sand und werden häufig bereits vom salzigen Meerwasser umspült.

Manche Bunker sind recht einfach erreichbar, andere nur unter Einsatz des Allradantriebs und aller verfügbaren Sperren. Gerade bei schlechtem Wetter werden die Strände anspruchsvoll. Der dänische Staat erlaubt das Fahren an vielen Strandabschnitten, was die Bunkertour zu einer Offroadtour werden lässt.

Wer in Dänemark am Strand fahren will, kommt an Rømø nicht vorbei, denn die Wattenmeerinsel ist berühmt für ihren breiten und befahrbaren Strand. Hinter einer unscheinbaren Düne eröffnet sich ein unendlich breit wirkender Strandabschnitt, der stark bevölkert wird. Kite-Surfer und andere Windbegeisterte tummeln sich hier und rasen mit atemberaubender Geschwindigkeit über den festen Sand. Offroadfeeling will nicht so richtig aufkommen, auch weil das Befahren der Dünen streng verboten ist und auf den breiten Flächen viele Menschen unterwegs sind.

Wer sich aber auf den legalen Wegen durch die Dünen schlägt, findet einsame Orte direkt am Meer oder etwas abgesetzt hinter den Dünen auch auf Rømø. Wir blieben eine Nacht auf einem der zahlreichen Campingplätze und schliefen in einer dort typischen Holzhütte. In der Saison kostet diese Art der Übernachtung knapp 60 Euro für zwei bis vier Personen. Das Schlafen am Strand im Auto oder Zelt ist verboten und kostet heftige Strafzahlungen. Trotzdem sieht man immer wieder überzeugte Strandschläfer.

In knapp anderthalb Stunden ist Blåvand zu erreichen. Als Teil der Kommune Varde ist Blåvand ein beliebtes Ferienziel. Direkt am Strand finden sich Bunker, die durch den Künstler Bill Woodrow zu Maulesel-Skulpturen umgebaut wurden. Aufgrund ihrer Lage werden diese von badenden Feriengästen belagert. Dieser Teil der möglichen Reiseroute ist nicht mit dem Offroader am Strand zu erreichen.

> Wer sich aber auf den legalen Wegen durch die Dünen schlägt, findet einsame Orte direkt am Meer ...

Dänemark

Verboten: Das Übernachten am Strand ist nicht gestattet. Wir haben unser Zelt daher nur für ein spektakuläres Foto aufgebaut.

Kunst statt Krieg: In der Nähe von Blåvand sind die Bunker als Maulesel gestaltet. Sie wurden vom britischen Künstler Bill Woodrow geschaffen.

Allerdings kann die sogenannte Tripitz-Stellung per Fahrzeug erreicht werden. Bestehend aus mehreren einzelnen, zum Teil riesigen Bunkern, sollten die Kanonen dieser Stellung im zweiten Weltkrieg bis nach Esberg feuern können. Fertiggestellt wurde die Stellung nie, doch eine Sprengung fand ebensowenig statt. Spannend werden diese Bunker, weil sie in einem eigentlichen Militärgebiet liegen. Dort wird es durchaus offroadig, da die Wege augenscheinlich durch Kettenfahrzeuge ausgefahren wurden und den Fahrer herausfordern.

Sand wechselt sich mit Kies und Geröll ab – wer stehen bleibt, riskiert das Festfahren

Auf diesen Wegen gelangt man auch auf freigegebene Strandabschnitte. Sand wechselt sich mit Kies und Geröll ab. Wer stehen bleibt, riskiert das Festfahren. Das Spiel mit dem Gas wird ganz besonders wichtig und gefühlvolles Gasgeben zur Herausforderung. Man fühlt sich auf den langen Strandabschnitten richtig einsam. Kein anderes Gefährt kommt entgegen, keine Spaziergänger oder Urlauber sind unterwegs.

So richtig spektakulär wird es aber in Løkken. Der ehemalige Leuchtturm Rubjerg Knude Fyr versinkt seit vielen Jahren im Sand und wird heute von der Wanderdüne Rubjerg Knude eingeschlossen.

Schon kurz nach seiner geplanten Inbetriebnahme mussten die Erbauer einsehen, dass die Naturgewalten stärker sind als der Mensch. Immer wieder schloss der Sand das Bauwerk ein und musste aufwändig entfernt werden. Heute steht nur noch der Leuchtturm selbst.

Abenteuerlich: Das Fahren am Strand ist an manchen Abschnitten anspruchsvoll. Teilweise muss der Offroader durchs Wasser waten.

Grafitti: Viele Bunker wurden von Künstlern aufwändig in Kunstwerke verwandelt.

Dänemark

Bauruine: Die Tripitz-Stellung sollte den Atlantikwall schlagkräftiger machen. Sie wurde nie fertiggestellt.

Gute Wahl: Die Geländereifen bieten auf dem Sand viel Grip. Zur Not muss man etwas Luft ablassen.

51

Grau: Das Wetter hätte hier am Meer gerne besser sein können. Immerhin hat es nicht geregnet, salziges Meerwasser gab es aber jeden Tag zu sehen und zu spüren.

Zeitzeugen: Aus der Vogelperspektive betrachtet erschreckt die Menge der Bunker. Sie verdeutlicht, wieviel Energie und Material die Nazis in den Atlantikwall gesteckt haben.

Andere Versorgungsgebäude sind zerstört. Gerade zum Sonnenuntergang bietet sich ein grandioser Anblick. Eigentlich ist der Leuchtturm nicht mit dem Offroader erreichbar. Wir trafen aber den Eigentümer der umliegenden Ländereien und erhielten die Erlaubnis seine Privatwege zu befahren. Es gibt in Løkken aber auch einen Strand, der legal befahren werden kann, und an dem eine ganze Bunkerbatterie liegt. Um sie zu erreichen, muss der Offroader zum Teil durch mehr oder weniger seichtes Meerwasser gesteuert werden. Gerade bei schlechtem Wetter nicht ganz einfach. Die Mühe wird aber belohnt, denn die Bunkeranlage ist beeindruckend. Einige Bauwerke wurden von Künstlern bearbeitet. Graffito und aufwändige Installationen lassen alles teilweise unwirklich erscheinen.

Dänemark besitzt alles, was das Offroadherz höher schlagen lässt: einmalige Sehenswürdigkeiten, in Verbindung mit der Möglichkeit, legal offroadig unterwegs zu sein. Am Strand zu fahren ist an einigen Abschnitten leicht, an anderen ermöglicht der Allradantrieb samt Sperren das Vorankommen.

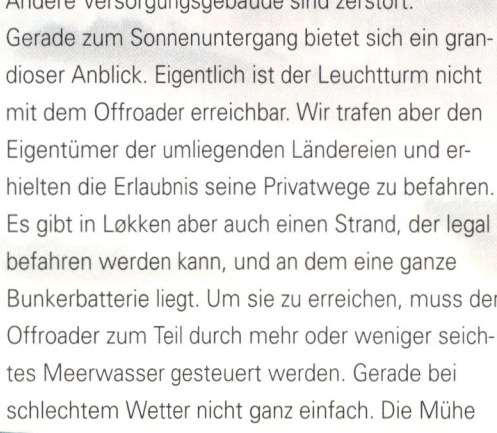

Tipps

Einreise
Die Einreise ist mit Personalausweis oder Reisepass möglich, auch vorläufige Reisepässe werden akzeptiert. Aktuell kommt es zu vereinzelten, stichprobenartigen Einreisekontrollen an der dänischen Grenze.

Formales
Die gesetzliche Geschwindigkeitsbegrenzung auf dänischen Autobahnen beträgt 130 km/h. Die Promillegrenze beträgt 0,5 Promille. Eine Überschreitung dieser Grenzen hat, ebenso wie falsches Parken, hohe Geldstrafen zur Folge.

Gesundheit
Die medizinische Versorgung ist ähnlich gut wie in Deutschland.

Übernachten
Wir empfehlen Reisen außerhalb der deutschen und dänischen Ferienzeiten. Gerade im Sommer ist Dänemark ein beliebtes Reiseziel und daher stark frequentiert. Unterkünfte finden sich auf Internetplattformen wie booking.de oder hrs.de das gesamte Jahr über. Sehr empfehlenswert sind die bekannten Holzhütten auf Campingplätzen. Obwohl viele Strandschläfer gesehen werden, raten wir aufgrund der empfindlichen Strafen davon ab.

Sicherheit
Die Strandabschnitte sollten nicht allein befahren werden. Hilfe zu erreichen würde lange dauern und schwerfallen.

Sehenswert
Aarhus ist ein empfehlenswertes Reiseziel, fernab von Kopenhagen. Die Studentenstadt bietet allerlei Sehenswürdigkeiten und spannende Eindrücke. Insbesondere der Hafenbereich ist sehenswert.

Internet & Karten

Marco Polo Karte Dänemark Süd 1:200.000
KuF Dänemark Straßenkarte 1:300.000
https://de.wikiloc.com/routen/off-road/danemark

Ganz allein: Nicht überall sind die Strände so menschenleer. Die Dünen zu befahren ist übrigens verboten.

Was für ein Glück, wenn man Kollegen, Vorgesetzte oder Mitarbeiter hat, die das gleiche Hobby umtreibt, wie einen selbst. Fährt man dann noch einen Offroader der gleichen Marke und will den Urlaub damit verbringen, die Reifen ordentlich im Schlamm wühlen zu lassen und das Auto dabei so richtig einzusauen, liegt es nahe, gemeinsam auf Offroad-Tour zu gehen. Christine Heidkamp und ihr Chef Christian Pflug wollten genau das und haben sich dafür Rumänien als Ziel herausgesucht.

Text: **Christine Heidkamp & Christian Pflug**
Fotos: **Christine Heidkamp, Angelika Maschke & Constantin Alecu**

Zwischen Schafen, grünen Hügeln und ursprünglichen Wäldern

Regen, Schlamm und noch mehr Regen

Die Fahrzeuge:

Jeep Wrangler JK Sport (Angelika Maschke, Christian Pflug): AT-Bereifung, Dachgepäckträger mit Dachzelt Smittybuilt, Unterfahrschutz Tank und Verteilergetriebe.

Jeep Wrangler JKU Rubicon (Christine und Peter Heidkamp) mit Maskottchen Alfons, zuständig für den Funk: 35-Zoll-MT-Bereifung, Winde, höheres Fahrwerk, Stahlstoßstangen, Unterfahrschutz, Schnorchel, Rockslider, Dachzelt Autocamp Family 190.

Weitere Teilnehmer:

Thomas Körber (Guide) im Land Rover Defender TD5.

Constantin Alecu im Toyota 4Runner TRD pro.

Heiner Krüner im Toyota Land Cruiser HZJ76.

Ob wir pistenfest gepackt haben, wird sich abends zeigen, wenn alles noch da liegt, wo es hingehört.

Rumänien

*E*s regnet. Und es ist auch ziemlich kalt, dafür dass wir schon Mai haben. Macht nichts, denken wir uns, die Reise nach Rumänien hat ja gerade erst begonnen. Außerdem gibt es ja bekanntlich kein schlechtes Wetter, sondern nur schlechte Kleidung. Was wir zum Glück noch nicht wissen: In den nächsten zwei Wochen wird es selten einmal nicht regnen. Und was den Spruch mit der schlechten Kleidung betrifft, den muss wohl einer erfunden haben, der keinen Offroad-Urlaub macht. Unsere Reisegruppe trifft in Ungarn das erste Mal komplett aufeinander. Aber es regnet nicht. Nein, es schüttet wie aus Kübeln. Mit fünf Geländewagen, auf die sich sieben abenteuerlustige Insassen verteilen, geht es in die Westkarpaten. Im Gepäck haben wir vielfältige Vorstellungen und Erwartungen und sind gespannt, was die nächsten zwei Wochen und die über 2000 Kilometer Strecke bereithalten werden. Thomas, unser Guide, weiß wo es lang gehen soll. Der Funk steht, der Reifendruck ist reduziert, der Allradantrieb bei allen Fahrzeugen eingelegt.

> Bekannterweise soll es kein schlechtes Wetter geben, sondern nur schlechte Kleidung

Kurz hinter der rumänischen Grenze starten wir nach 600 Kilometern Asphalt, Beton, mit Staus und der anstrengenden Durchquerung von Budapest mit einer herausfordernden Fahrt in die Wälder der Ostkarpaten. Der Boden ist nach wochenlangem Regen völlig durchweicht, die zahlreichen Schlaglöcher sind randvoll mit Regenwasser gefüllt, und der intensive Geruch nach feuchtem Holz liegt in der Luft. Zuweilen schlängelt sich der Weg so dicht an Bäumen entlang, dass unser fahrerisches Können immer wieder vollauf gefordert ist, um eine Kollision zu vermeiden. Bereits minimale Schräglagen führen dazu, dass die Reifen ins Rutschen geraten und die Fahrzeuge nur noch schwer zu kontrollieren sind.

Unser erstes Lager schlagen wir in einer nebligen Talsohle auf, wo wir knöcheltief im Matsch versinken und selbst einfache Rangiermanöver zur kniffligen Herausforderung werden. Aber irgendwann brutzeln die Steaks auf dem Grill, wir haben ein Stoffdach über dem Kopf und können auf unseren ersten gemeinsamen Offroadtag zurückblicken.

Constantin überrascht uns mit seinen Rumänisch-Kenntnissen und übersetzt.

Erstes Lager: Heiners Pavillon schützt zumindest vor der Nässe, die von oben kommt.

Am nächsten Morgen haben wir Glück, denn die Sonne scheint, während wir unser erstes Kultur-Ziel ansteuern: den »Fröhlichen Friedhof« in der Gemeinde Săpânța.

Der Friedhof hat seinen Namen von den bunten Grabstelen des Künstlers Stan Ioan Pătraș, die vom Leben und Sterben der Toten berichten.

Einige Inschriften sind liebevoll, andere traurig und andere sprühen vor Humor. Wie die über die Schwiegermutter:

Unter diesem schweren Kreuz
liegt meine selige Schwiegermutter.
Wenn sie noch drei weitere Tage gelebt hätte,
wäre ich jetzt da unten und sie würde das lesen.
Ihr, diejenigen die hier vorbeiziehen,
versucht, sie nicht aufzuwecken.
Denn wenn sie wieder nach Hause kommt,
wird sie wieder mit mir streiten.
Aber ich werde mich so verhalten,
dass sie nicht wieder kommt.
Bleib hier meine geliebte Schwiegermutter!
(Quelle: http://www.ziel-rumaenien.de)

Am Abend erwartet uns dann auf einer Hochebene ein traumhafter Stellplatz für die Nacht, inklusive Hütehunden, selbstgekochtem Letscho und kitschigem Sonnenuntergang. Nach einer ruhigen Nacht machen wir uns auf den Weg in die Region Maramures, um das rumänisch-orthodoxe Nonnenkloster Mănăstirea Bârsana zu besichtigen.

Den ganzen Tag über wühlen wir uns erneut durch Morast, Matsch und noch mehr Schlamm. Aber was ist das überhaupt? Matsch, Schlamm, Morast? Wikipedia bezeichnet Schlamm als »ein Gemisch aus fein verteiltem, überwiegend sehr feinkörni-

Rumänien

Das Kloster wurde 1993 in herkömmlicher Bauweise errichtet.

hier durch, oder müssen wir drum herumfahren? Ist das eine Wasserlache oder eine tiefe Morastfalle? Das langsame Dahinkriechen in der Untersetzung tut dem Fahrspaß dennoch keinen Abbruch und sorgt für reichlich Gesprächsstoff. Wir diskutieren, funken und helfen uns gegenseitig bei unseren Fahrmanövern.

Das Fahren durch knietiefe Schlaglöcher, Morast und zerfurchte Holzfällerwege konnten wir nun zwei Tage lang ausführlich üben. Jetzt wartet eine neue Herausforderung auf uns: Bäume.

Unsere Flotte posiert für den Fototermin.

gem Feststoff und einer vergleichsweise geringen Menge Flüssigkeit, meist, aber nicht notwendigerweise, entstanden durch Sedimentation.« Unsere Definition von Schlamm geht allerdings eher in Richtung »klebrig-zähe Masse in unterschiedlichster Farbgebung und verschiedenartigster olfaktorischer Ausprägung, die Reifenprofile verstopft, laut schmatzt, wenn man hindurchläuft, beim Fahren kaum Haftung für die Reifen bietet, dafür aber an allem haften bleibt, was sich bewegt.«
Immer wieder steigen wir aus und prüfen die Streckenabschnitte, die vor uns liegen. Kommen wir

Ein Lagerfeuer wäre großartig gewesen und Holz vorhanden. Es war jedoch viel zu nass.

Mit der Motorsäge können auch dickere Äste schnell entfernt werden.

Die Piste ist so zugewachsen, dass wir uns mit der Säge den Weg freischneiden müssen. Improvisierte Treeslider aus Spanngurten bieten zusätzliche Unterstützung und sind schnell installiert. Wenig später entdecken wir allerdings noch eine weitere Einsatzmöglichkeit für Spanngurte, von denen man niemals zu viele im Gepäck haben kann. Der Dachträger vom kurzen Jeep hat einen Knick bekommen. Die Lösung: ein Jungbaum wird gefällt, zurechtgesägt und in Kombination mit Spanngurten entsteht eine Schiene für die defekte Strebe.

Ob Paprika mit Knoblauch gegen Vampire hilft?

Die Nacht überrascht uns mit einem riesigen Vollmond, in dessen Schein wir um den Grill sitzen und Paprika mit Knoblauch braten. Ob das gegen Vampire hilft? Gut wäre es wohl, wir sind schließlich in Transsilvanien!
Nach drei nasskalten Nächten in freier Wildbahn führt unsere Route in Richtung heißer Duschen nach Turda. Rumänien präsentiert uns bis zu unserem heutigen Etappenziel seine sanfte Seite mit weiten, leuchtend grünen Hügellandschaften.

Den Vollmond zu fotografieren ist eine spannende Abwechslung.

Für reichlich Fotomotive sorgt auch eine Wasserdurchfahrt. Die perfekte Gelegenheit, um die Diskrepanz zwischen maximaler Wattiefe und Durchfahrtsgeschwindigkeit in der Praxis »kennenzulernen«, bietet ein ruhiger Bachlauf in einer Talsohle. Peter jagt seinen JKU mit Karacho durch die »stinkende braune Grütze«, so dass sie durch die Lüftungsklappe literweise in den Beifahrerfußraum schwappt. Im Anschluss kommt es zu kurzfristiger Missstimmung an Bord.
Der Campingplatz »De Oude Walnoot« bietet Mensch und Maschine Gelegenheit für einen

Mit etwas Improvisationstalent ist der kaputte Dachträger schnell repariert.

Die Wasserdurchfahrt beschert den Fahrzeugen eine Fangopackung.

Die Wände glänzen schwarz-weiß marmoriert, alles ist von einer dicken Salzkruste bedeckt, und der Blick in die Tiefe ist schwindelerregend.

Waschtag. Unsere Gastgeber Lucia und Nicu sind wunderbar und außergewöhnlich. Sie haben lange als Übersetzer in den Niederlanden gearbeitet, bevor sie in ihre Heimat Rumänien zurückgekehrt sind. Mit dem Campingplatz in ihrem Garten läuft es jetzt andersrum. Nun sind es die Niederländer und Reisende aus aller Welt, die zu ihnen kommen. Wir werden mit selbstgebranntem Mirabellenschnaps begrüßt und dürfen den Abend auf ihrer überdachten Terrasse verbringen. Denn, wer hätte es gedacht: es regnet wieder.

Ein besonderes Erlebnis ist die nahegelegene Saline in Turda. Das ehemalige Salzbergwerk wurde für Touristen zugänglich gemacht und beherbergt 120 Meter unter der Erde einen Freizeitpark mit Billardtischen, Riesenrad und einen See zum Bötchen fahren.

Aufgrund des Dauerregens sind viele der geplanten Offroad-Abschnitte nun unpassierbar. Pisten, die bei trockenem Wetter nur ein holpriger Feldweg sind, gleichen jetzt schlammigen Rutschbahnen, die selbst zu Fuß kaum passierbar sind. Dazu kommt, dass sich von Norden eine neue Schlechtwetterfront ankündigt.

Thomas, der eigentlich weiß, wo es langgeht, weiß nun nicht mehr, wo es langgehen könnte. Wir beschließen daher, in die Südkarpaten auszuweichen, und Thomas findet bei Wikiloc in etwa 80 Kilometern Entfernung verlockende Offroad-Passagen. Der Informationsgehalt zu deren Zustand und Beschaffenheit ist jedoch sehr vage. Dennoch gehen wir das Risiko ein. Schließlich machen wir hier Abenteuerurlaub.

Das Abenteuer lässt dann auch nicht lange auf sich warten. Zwei alte Bauersleute warnen uns und Constantin übersetzt: In unserer Fahrtrichtung liegt ein tückischer Tümpel, den wir unbedingt umfahren sollen. Das rumänische Wort für Tümpel kann

Gemütlichkeit und Gastlichkeit wird auf dem Campingplatz »De Oude Walnoot« großgeschrieben.

offensichtlich auch mit »Sumpf« übersetzt werden, wie wir feststellen, als Thomas' Defender darin versinkt. Heiner fährt mit seinem Land Cruiser hinter ihn, hängt seinen Bergegurt ein und befreit Thomas rückwärts aus dem Matsch. Wie empfohlen, fahren wir nun alle am Tümpel vorbei. Der Weg führt von dort bogenförmig eine feuchte Wiese hinauf. Für den Defender mit MT-Reifen kein Problem, der Land Cruiser mit seinen ATs hat es schon schwerer und hinterlässt deutliche Spuren. Der kurze Jeep mit Angelika und Christian an Bord schafft es gerade noch, die Nase in den Berg zu drehen. Der Boden ist jedoch so rutschig, dass selbst die geringe Steigung unüberwindbar ist. Also den Bergegurt wieder raus und den Jeep hochziehen.

Als nächstes ist Constantin im Toyota 4Runner an der Reihe. Absolut chancenlos, nicht mal das Eindrehen zum Berg gelingt. Der kleine Wrangler ist zu leicht, um den schweren 4Runner zu bergen. Daher setzen sich Christine und Peter im Wrangler JKU vor den 4Runner. Dank MTs meistert der Jeep das »grüne Eis« mit etwas Schwung. Bergegurt am Toyota einhängen, los geht's. Doch der Jeep kommt mit den 2,5 Tonnen am Haken keinen Millimeter mehr voran. Der Boden bietet keinerlei Halt. Am Ende nimmt der Land Cruiser den langen Wrangler an die Leine, an dem noch der 4Runner hängt. Der Traktionsverbund wirkt Wunder und zieht den 4Runner wie die Tigerente den Berg herauf – der Konvoi ist wieder komplett.

Schon wenige hundert Meter weiter fährt sich dann der Land Cruiser fest, und zu allem Unglück fallen die Differentialsperren aus. Beim Versuch, den Toyo aus dem Schlamm zu ziehen, gerät der Defender rückwärts achsentief in eine Fahrrinne. Wir packen alles aus, was wir an Bergeequipment dabeihaben: Sandbleche, Traktionsmatten, Spaten, Äxte und Sägen, Bergegurte und Schäkel. Da der Defender zu kippen droht, ist Eile geboten. Mit Hilfe von Sandblechen und Reisig gewinnt er jedoch wieder an Stabilität und kann sich befreien.

Nach den geglückten Bergemanövern bewältigen Thomas und Heiner den folgenden Abschnitt zunächst ohne Havarie, obwohl es sich um einen steilen, sehr engen, morastigen und kurvigen Forstweg handelt. Doch der nachfolgende Wrangler rutscht in eine tiefe Spurrinne und setzt mit beiden Differentialen auf. Thomas und Heiner haben aber keine Möglichkeit, zur Bergung zurücksetzen. Der Untergrund ist zu aufgewühlt und zerfurcht. Und die untenstehenden Fahrzeuge können den havarierten Jeep weder erreichen, noch passieren. Der Weg ist einfach zu schmal. Links ist kein Platz, und rechts mahnt der Abgrund, dass es keine gute Idee ist es zu versuchen. Daher kommen alle mitgenommenen Spaten und die Hände zum Einsatz, um die Gräben mit Erde, Laub und Ästen aufzufüllen, um den Jeep frei zu bekommen. Irgendwann haben wir es geschafft, und der JK kann sich den Berg hochwühlen. Auch der JKU kommt an seine Grenzen und bringt als letzte Patrone erfolgreich seine Winde zum Einsatz.

Als alle Fahrzeuge schließlich am Gipfel angekommen sind, haben wir acht Stunden für drei Kilometer gebraucht. Wir haben ganz tief in die Offroad-Trickkisten gegriffen und alle verfügbaren Karten ausgespielt, vom Einlegen der Untersetzung über elektronische Helferlein bis hin zu den Differentialsperren, vom Einsatz der Seilwinde über die inten-

Rumänien

Das erste Bergemanöver dieser Reise. *Nasse Wiesen können so rutschig sein wie blankes Eis.*

sive Nutzung unserer Schaufeln bis hin zu allem, was wir gefunden haben und womit wir die Spur weniger rutschig machen konnten. Jeden Zentimeter Bodenfreiheit, jeden Zentimeter vorwärts haben wir schätzen gelernt und dabei unseren gesamten, gemeinsamen Erfahrungsschatz und Einfallsreichtum aufgeboten. Auf sich allein gestellt hätte wohl kein Fahrzeug diesen Streckenabschnitt bewältigt. Im Konvoi aber ist es geglückt. Am Ende müssen wir aber doch alle lachen, als Thomas ruft: »So, Leute. Jetzt macht aber mal Platz. Da will einer durch.« Abends parken wir schließlich in Reih und Glied auf einem Weideweg, kochen Nudeln, essen sie mit kalter Tomatensauce und kriechen anschließend erschöpft in unsere Schlafsäcke.

In den folgenden Tagen verlangen uns die Pisten nicht mehr so viel ab, was uns aber nicht stört. Denn ein wenig Erholung tut jetzt allen gut. Auf den einfacheren Passagen müssen wir uns auch nicht mehr auf den Pistenzustand vor unseren Motorhauben konzentrieren und können den Blick mal schweifen lassen. Wir durchfahren Dörfer der Siebenbürger Sachsen, bewundern die Schnitzereien auf Holztoren, nehmen die eindrucksvollen Silhouetten der Kirchenburgen auf, bestaunen die Kupfer-

dächer der imposanten Paläste der Kalderasch. Wir legen häufiger Pausen ein und kosten einfache Speisen an Straßenständen. Die zunehmenden Unwetter sitzen wir häufig hinter den beschlagenen Scheiben unserer Autos aus und lauschen Constantin, der über Funk politische Witze aus der Zeit des Ceaușescu-Regimes erzählt. Bei stürmischem und regnerischem Wetter verbringen wir am Belis-Fantanele-Stausee einen gemeinsamen Abend im Vorzelt des JKU und erzählen uns unsere peinlichsten Autogeschichten, während Wasserrinnsale unsere Gummistiefel umfließen.

Dauerregen, Unwetter und Schafskälte hatte keiner der Teilnehmer auf seinem Wunschzettel für den Sommerurlaub in den Karpaten. Am Ende der Reise war alles klamm, dreckig, und der feuchte Matsch hat seinen Weg bis in die letzten Winkel unserer Offroader gefunden. Die Unwetter und Matschpisten haben uns immer wieder herausgefordert. Wir waren aufeinander angewiesen, haben zusammen entschieden, geholfen und angepackt. Das hat unsere Gruppe von sieben Individualreisenden innerhalb kurzer Zeit zu einem Offroad-Team geformt. Und wer weiß, vielleicht sehen wir uns demnächst auf der Super Carpata-Trophy wieder?

Manchmal hilft nur noch der Bergegurt.

Christian sorgt mit seinem Gewicht für mehr Traktion.

Zum Glück liegen fast überall genug Äste herum, die man in tiefe Spurrillen legen kann.

Reisetipps

Touranbieter: Adventure Offroad & Landytrip
Besuchte Campingplätze

KIS-DUNA MOTEL & CAMPING
Gabonarakpart 6
9200 Mosonmagyaróvár
Ungarn

Camping de oude Walnoot
Strada Delnitei 15N
407405 / Mihai Viteazu
Rumänien

Camping Robinson Country Club
Strada Marin Preda 17
410108 / Oradea
Rumänien

Camping Aurel Vlaicu
Strada Principale 155
335401 / Aurel Vlaicu
Rumänien

Sicherheit

Die Sicherheitsempfehlungen des Auswärtigen Amtes für Rumänien entsprechen denen, die grundsätzlich für Reise- und Tourismusziele gelten. In Städten, Menschenmengen und auf unbewachten Parkplätzen sollte man besondere Vorsicht walten lassen, keine Wertsachen im Fahrzeug herumliegen lassen, möglichst bargeldlos zahlen etc. Wir haben auf unserer Reise nur eine »kritische« Situation erlebt, bei der erhöhte Aufmerksamkeit erforderlich war: Als wir nach dem Grenzübertritt nach Rumänien an einer Tankstelle Halt machten und dort an einer Wechselstube Bargeld getauscht haben, wurden wir recht aufdringlich angebettelt.
Ansonsten haben wir keine negativen Erfahrungen mit der Bevölkerung gemacht. Man ist uns meistens neugierig und aufgeschlossen begegnet.

Rumänien

Maskottchen Alfons trägt – passend zum Wrangler – Cowboyhut, Halstuch und Weste. Er darf bei keiner Tour fehlen, schaut gerne aus dem Fenster und bewacht das Kabel vom Funkgerät.

Einreise & Straßenverkehr

Als Reisedokument genügt für deutsche Staatsbürger der Personalausweis.

Die Nutzung des rumänischen Nationalstraßennetzes ist gebührenpflichtig. Man benötigt die »Rovinieta«. Für einen PKW kostet die Rovinieta für einen Zeitraum von 30 Tagen 7 €. Sie kann bereits vor der Reise über die Internetseite www.roviniete.ro gekauft werden oder vor Ort. Achtung: Am Straßenrand wird die Vignette häufig zu deutlich überhöhten Preisen angeboten. Stattdessen direkt an der Grenze oder an einer grenznahen Tankstelle kaufen.

In Rumänien gilt ganzjährig auch tagsüber eine Lichtpflicht auf Autobahnen und außerorts.
Jedes Fahrzeug muss über einen Feuerlöscher und zwei Warndreiecke verfügen. Es gilt absolutes Alkoholverbot im Straßenverkehr.

Benzin ist deutlich günstiger als in Deutschland, die Dieselpreise liegen leicht unter deutschem Niveau.

Campen & Offroaden

Hier ergeben unsere Recherchen ein unstimmiges Bild. Auf die Frage »Darf man in Rumänien wildcampen?« werden auf den einschlägigen Internetseiten widersprüchliche Aussagen getätigt. Relativ eindeutig ist, dass Wildcampen in Naturparks und Nationalparks nicht gestattet ist. In abgelegenen Gegenden außerhalb der Parks wird es aber meistens geduldet. Im Notfall hilft es, nahegelegene Anwohner um Erlaubnis zu bitten, den Untergrund möglichst wenig zu beschädigen und keinen Müll zu hinterlassen. Für das Fahren gelten ähnliche Prinzipien: 2020 hat das rumänische Parlament ein Gesetz erlassen, welches das freie Fahren im Gelände einschränkt. Veranstalter benötigen eine spezielle Lizenz, Individualreisende dürfen die Waldwege nicht mehr mit motorisierten Fahrzeugen nutzen. Jedoch findet man in Rumänien viele offizielle »Straßen« vor, die mehr Offroad-Charakter haben als so manche Strecke im Offroad-Park. Daher: An Fahrspaß mangelt es in Rumänien weiterhin nicht. Einziges Ärgernis: Die ein oder andere Piste wurde in den letzten Jahren »wegasphaltiert«.

Einkaufen

Das Angebot an frischen Zutaten wie Obst, Gemüse und Fleisch ist in den Lebensmittelläden kleinerer Orte sehr begrenzt und teilweise wenig verlockend. Daher muss man sich als Reisender leider entscheiden: Die gewohnte Qualität und Frische kauft sich besser bei den Lebensmittelketten, die in größeren Städten überall zu finden sind. Will man die Landbevölkerung unterstützen, muss man halt Abstriche machen und nehmen, was angeboten wird.

Internet

https://www.auswaertiges-amt.de/de/aussenpolitik/laender/rumaenien-node/rumaeniensicherheit/210822
https://www.adac.de/reise-freizeit/reiseplanung/reiseziele/rumaenien/uebersicht/wissenswertes/
https://www.beste-reisezeit.org/pages/europa/rumaenien/karpaten.php
https://pistenkuh.de/?s=rum%C3%A4nien

Literatur & Karten

Freytag & Berndt Auto + Freizeitkarte, Rumänien – Moldawien – 1:500.000
Reise Know-How Landkarte Rumänien – 1:600.000
Reise Know-How Rumänien-Reiseführer
Pistenkuh GPS-Offroad-Tourenbuch Rumänien

Eine ihrer ersten Offroad-Reisen unternahmen Julia und Benno in einem gemieteten Buschtaxi in Uganda. Nach anfänglichen Schwierigkeiten mit der fremden Mentalität und dem Fahrzeug haben sie sowohl das Land als auch den unverwüstlichen Toyota lieben gelernt.

Text & Fotos: Julia Wieser

Am größten See Afrikas

Fahrzeug

Gemieteter Toyota Land Cruiser HZJ 78, Baujahr unbekannt (etwa 20 Jahre), mit zwei Sitzbänken und Originalausstattung. Dazu antiquiertes Dachzelt mit altersgemäß passendem Campingzubehör.

Den Pedalen des alten Toyota sieht man deutlich an, dass der Wagen schon viele Kilometer auf dem Tacho hat. Was wohl der deutsche TÜV dazu sagen würde?

Beim Anblick unseres Leihwagens, einem Toyota Land Cruiser HZJ 78, der bereits 350.000 Kilometer holprige afrikanische Straßen und Wege hinter sich gelassen hat, sorge ich mich nicht mehr um Schmutz, Dellen und Buschkratzer. Der Autovermieter bringt uns den mitgenommenen Klassiker wie versprochen zu unserem Guesthouse, weist uns kurz ein und schickt uns damit in ein neues Abenteuer.

Kaum haben wir Entebbe verlassen, befinden wir uns inmitten des quirligen afrikanischen Alltags und warten im nahegelegenen Hafen von Nakiwogo auf unsere Überfahrt nach Lulongo. Wir umfahren damit den Weg über die Hauptstadt Kampala mit ihren chaotischen und überfüllten Straßen und den endlosen Staus. Der Hafen ist klein und unübersichtlich, der Geruch gewöhnungsbedürftig. Wir fremdeln. Wie verhalten sich die Menschen? Wie gehen Sie mit Touristen um? Was erwartet uns?

Es ist eine kleine Fähre, auf der nur wenige Fahrzeuge Platz haben. Die kurze Überfahrt verbringen wir dicht neben dem Auto, lassen uns begutachten und staunen erstmals über so wenig Unaufdringlichkeit.

Uganda

Das Übersetzen mit der Fähre ist ein kleines Abenteuer für sich. Auch hier läuft es nicht nach deutschem Standard.

Julia und Benno Wieser mit dem gemieteten Buschtaxi. Der Wagen hat schon rund 350.000 Kilometer auf den holprigen Straßen und Wegen Afrikas hinter sich.

Auf dem Weg Richtung Süden können wir uns dann langsam akklimatisieren und staunen. Eine Ortschaft grenzt an die nächste, kaum eine Gegend, die unbewohnt ist. Die Hauswände werden als Reklametafeln genutzt, insbesondere für Telefonanbieter. Jeder zweite Laden ist ein Beauty-Salon, es werden alte Autoreifen zum Kauf angeboten, oder Holzsärge mit Sichtfenster aus Glas am Kopfende. Lange Verkaufsstände biegen sich unter der Last von Kochbananen, Jackfruits, Süßkartoffeln und Tomaten. Fleisch hängt von Fliegen umschwirrt in der heißen Mittagsluft, Hühner gackern in engen Käfigen.

Asphaltierte Straßen findet man in den Dörfern Ugandas selten. Genau das Richtige für Offroader.

Am Straßenrand wandern Menschenmassen zur Arbeit oder zur Schule, transportieren Früchte und große, gelbe Wasserkanister. Wir stoppen beim Überqueren des Äquators bei Nabusanke an der Straße Richtung Masaka. Ein Betonring als Denkmal und einige Souvenirshops sind Kulisse für das obligatorische Beweisfoto. Wir überlassen das Motiv einer kleinen Gruppe Chinesen und verdrücken im angrenzenden Restaurant eine große Portion duftendes Curry mit Reis.

Unser Tank hatte ein Leck und musste unterwegs ausgebaut und geschweißt werden.

Eine unangenehme Überraschung erwartet uns am nächsten Morgen. Ein feines Rinnsal Diesel läuft auf dem sandigen Boden unter unserem Auto hervor und zwingt uns zu einem Stopp in einer Werkstatt. Es ist eher ein Hinterhof. Rostige Autos lehnen hochkant an den Wänden, ausgeschlachtete Wagen stehen dicht gedrängt im Hof. Die gesamte Belegschaft müht sich um unser Problem, lässt den Diesel in leere Plastikflaschen laufen, drückt den ausgebauten Tank in ein Wasserbecken, findet das Leck und schweißt es mit einem simplen Stück alten Drahtes.

Unseren Abstecher in die Serengeti streichen wir bereits wenige Kilometer nachdem wir die Grenze zu Tansania überquert haben. Die desaströsen Straßenverhältnisse und permanente Geschwindigkeitsbegrenzungen fressen unsere verfügbare Zeit. Nach einer Nacht in einem einfachen Landhotel, einer spontanen Einladung zu einer lauten tansanischen Hochzeit, auf der wir zu Ehrengästen werden, und nach einem kargen Frühstück fahren wir zurück nach Uganda.

Im Mburo National Park, dem kleinsten Park Ugandas, leben Herden von Zebras, Impalas, Topis und Büffeln, einige Giraffen und eine unendliche Vogelvielfalt. Inmitten der duftenden Savanne und der frühen Abendsonne, die die Gräser in ein blasses Rosa färbt, sind wir auf den Sandpisten vollkommen

Echte Buschmechaniker brauchen keine Werkstatt mit Hebebühne. Hier wird draußen geschraubt.

alleine, vergessen die Zeit und tauchen gänzlich ein in die Magie Afrikas.

Dass auch der Allradantrieb nicht richtig funktioniert, stellen wir am nächsten Tag auf einer groben Schotterpiste zu einem Aussichtspunkt fest, die wir dadurch rückwärts zurück müssen – rutschend statt fahrend. Das Auto hatten wir uns in einem besseren Zustand erhofft.

Für die Fahrt zum Lake Bunyonyi ist der Defekt jedoch nicht weiter störend. Die holprige Straße am See entlang bietet stellenweise Sicht auf die vielen Inseln. Gelegentlich rauscht ein riesiger Kronenkranich über uns hinweg, ein Einbaum gleitet fast lautlos über den See. Die urtümlichen Boote werden in dreiwöchiger Handarbeit aus Eukalyptusholz geschlagen und vorwiegend als Taxi für die Einheimischen genutzt.

Die gewählte Route in den Bwindi-Nationalpark führt über eine tiefe Sandpiste, die unser Auto innen und außen in roten Nebel hüllt. Durch jede Ritze drängt der Staub und legt sich in einer dicken Schicht an Türen, Armaturen, Koffern und Kleidung fest. Dann folgt eine Piste mit Schotter, tiefen Schlaglöchern und Felsen. Wir treffen auf eine Gruppe Kinder und einen Lehrer, die drei Schulbänke in die vier Kilometer entfernte Schule tragen. Wir bieten unsere Hilfe an. Zwei Bänke binden wir auf dem Dach fest, eine auf der Kühlerhaube. Bevor wir uns umsehen, sitzen Kinder auf der Rückbank, stehen auf dem Trittbrett, klammern sich an der Dachreling fest, sitzen auf dem Ersatzreifen und auf dem Dach. Und je weiter wir fahren, desto mehr Kindern mit weiteren Schulbänken begegnen wir. Nach der kurzen Enttäuschung, dass kein Fleck am Auto frei geblieben ist, rennen sie neben uns her, lachend, winkend, in löchriger Kleidung und meist barfuß.

Ein Gorilla-Trekking ist unser persönliches Highlight der Reise und erweist sich als sportliche Herausforderung. In kleinen Gruppen führen uns die Guides in den Bwindi Impenetrable Rainforest, folgen den Spuren der Tiere, schlagen mit Macheten das dichte Gestrüpp zur Seite. Wir hangeln uns an Ästen, Zweigen oder was wir zu greifen bekommen die Abhänge hinunter und wieder hinauf. Der Anblick

Die Tierwelt Afrikas ist ungewohnt und faszinierend zugleich. Gorilla, Zebra, Kaffernbüffel, ...

Der erste Silberrücken ist überwältigend des ersten Silberrückens ist überwältigend. Mit mächtigem Kreuz sitzt der Riese keine zwei Meter von uns entfernt und blickt gelangweilt in den Urwald. Seine Artgenossen treiben sich in der Nähe herum, naschen an einem morschen Baumstamm oder ziehen Zweige durch den Mund, um die Blätter herunterzustreifen. Etwa 800 Berggorillas leben weltweit, die Hälfte davon in Uganda. Durch effektiven Schutz der Uganda Wildlife Authority und stark eingeschränkte Besucherzahlen hat sich der Bestand stabilisiert und scheint in den letzten Jahren wieder zu steigen.

Nach unserem schweißtreibenden Ausflug lassen wir im abgelegenen Bwindi unser Allrad richten. Der Mechaniker kommt mit Motorradtaxi zur zwei Stunden entfernen Lodge, findet den kaputten Frontlocker und organisiert bis zum nächsten Morgen das Ersatzteil. Für uns eine Bestätigung, um was für ein grandioses Fahrzeug es sich handelt.

Der Weg Richtung Kihihi führt uns auf über 2000 Meter Höhe durch Kiefernwälder und legt atemberaubende Ausblicke auf das unendliche Grün der beackerten Hänge frei. Die ganze Gegend wird nahtlos mit Gemüse und Getreide angebaut. In den Feldern bearbeiten Frauen von Hand den Boden, viele mit Baby auf dem Rücken. Das Land ist so fruchtbar, dass dreimal im Jahr geerntet werden kann.

Kilometerweit folgen wir Teeplantagen, bevor wir den Eingang zum Queen Elisabeth National Park passieren. Beim abendlichen Gamedrive über das weite Grasland lassen wir uns von einer Gruppe Elefanten einschüchtern, die unseren Weg blockiert.

Als der Bulle drohend auf uns zu läuft, legen wir den Rückwärtsgang ein und warten in adäquater Entfernung, bis die Gruppe weitergezogen ist. Dagegen gänzlich uninteressiert dösen drei Baumlöwen in der Krone eines knorrigen Feigenbaumes und heben auf Zuruf noch nicht einmal den Kopf.

Mitten im Park verbindet der Kazinga-Kanal die beiden Süßwasserseen Lake Edward und Lake George. Wir buchen ein Motorboot mit Guide und fahren auf dem grünlich-zähen Wasser des Kanals am Ufer entlang, vorbei an schmalen Buchten, die den Urwald durchbrechen. Hunderte von Nilpferden liegen grunzend und schnaubend im seichten Wasser, eine Herde Wasserbüffel schwimmt auf der Suche nach einer geeigneten Ausstiegsstelle am Ufer entlang. Der Weg aus dem Park führt uns über die Kraterränder verloschener Vulkane und gibt den Blick nochmals frei über die ockerfarbene Savanne und die flachen Kronen der Schirmakazien.

Unsere letzten Tage verbringen wir in einer Lodge am Kraterrand des Kyaninga Lake. Von unserer Holz-

... Löwen, Giraffen oder Vogelarten wie der Hammerkopf leben hier in freier Wildbahn.

terrasse blicken wir auf das unwirklich türkisfarbene Wasser tief unter uns, weit über Eukalyptuswälder und grüne, hügelige Landschaft hinweg bis zum Horizont, an dem das Ruwenzori-Gebirge die Grenze zum Kongo anzeigt. Die Nächte werden gelegentlich durch lautes Trommeln und den Gesang einer Totenzeremonie unterbrochen. Tagsüber spazieren wir am Kraterrand entlang, lassen uns von einem engagierten Guide die Flora und Fauna erklären und lernen ein paar Bröckchen Swahili. An einem anderen Tag gleiten wir mit dem Kajak über das stellenweise 200 Meter tiefe Wasser des Sees, der als einer der wenigen Süßgewässer angeblich frei von Bilharziose ist. Baden gehen wir trotzdem lieber nicht.

Den Weg zurück nach Entebbe fahren wir ohne größere Pausen. Vorbei an langen Teeplantagen geht es über die holprige Hauptstraße, die gerade im großen Stil von den Chinesen saniert wird.

Das Buschtaxi wird kurzfristig zum Transporter für Schulbänke.

Wir fahren an Fahrradfahrern vorbei, die mehrere Stauden Bananen, Ananas oder Wasserkanister schieben, an Männern mit dicken Ästen auf den Schultern und Kindern, die barfuß zur Schule laufen. Wir winken uns gegenseitig zu und ernten jedes Mal ein strahlendes Lächeln mit blitzend weißen Zähnen. Uganda ist eine Perle, eine unerwartet grüne und außerordentlich gastfreundliche.

Tipps

Reisezeit & Klima

Das Klima ist durch die Höhenlage ganzjährig ausgeglichen und gemäßigt tropisch bei Tagestemperaturen zwischen 25–30 Grad und durchschnittlich 17 Grad in der Nacht. In Gebirgsregionen können die Temperaturen aber je nach Höhe deutlich kühler ausfallen. Gute Reisezeiten für die südlichen und westlichen Regionen sind von Dezember bis Februar und von Juni bis September. Die regenreichen Zeiten dazwischen sollte man meiden, wenn man sich auf unbefestigten Straßen und in höheren Lagen bewegen möchte, da Straßen unpassierbar werden können. Deutlich niederschlagsärmer ist der untouristische Norden mit einer Regenzeit von April bis September und zum Teil extremer Trockenheit im Nordosten.

Einreise

Ein Visum beantragt man bequem unter www.visas.immigration.go.ug. Der Reisepass muss mindestens sechs Monate gültig sein. Man benötigt eingescannte Passkopien, Passbilder und den Nachweis einer Gelbfieberimpfung.

Gesundheit

Es besteht ganzjähriges Risiko einer Malaria-Infektion durch die Anopheles-Mücke. Vorbeugend kann man eine Chemoprophylaxe durchführen, mit der man bereits eine Woche vor Reisebeginn startet. Alternativ nimmt man ein Standby-Medikament mit, welches wegen der zunehmenden Resistenzen auch bei einer Chemoprophylaxe eine sinnvolle Ergänzung in der Reiseapotheke darstellt. Repellentien, die den Wirkstoff DEET oder Icaridin enthalten, können auch vor Ort erworben werden. Icaridin ist dabei nicht so lange wirksam, dafür verträglicher. In den Abendstunden trägt man am besten lange, helle Kleidung und achtet darauf, dass man unter einem Moskitonetz schläft. Zum Imprägnieren der Kleidung und des Moskitonetzes eignen sich zusätzlich Permethrin-haltige Wirkstoffe. Wegen der Gefahr einer Bilharziose-Infektion sollte man in keine natürlichen Gewässer gehen, Leitungswasser nicht zum Zähneputzen und trinken nutzen, Lebensmittel nur geschält oder gekocht essen und Eiswürfel besser meiden. Die Beratung eines Tropenmediziners ist in jedem Fall ratsam, da es weitere Möglichkeiten der Ansteckung mit verschiedenen Erregern gibt, und sollte wegen nötiger Impfungen bereits einige Wochen vor der Reise in Anspruch genommen werden.
Weitere Infos unter www.dtg.org, www.crm.de.

Sicherheit

Uganda ist grundsätzlich ein sicheres Reiseland, dennoch sollte man einige Regeln beachten. Die große Armut weckt Begehrlichkeiten, weshalb man auf Wertsachen besser verzichtet. Bargeld und Kreditkarten verdeckt am Körper tragen, Pässe und Flugtickets auf die eigene Mailadresse hochladen und eventuell zusätzlich in Kopie mitnehmen. Nach Einbruch der Dunkelheit verzichtet man auf Spaziergänge, Nachtfahrten sollten generell vermieden werden.

Straßenverhältnisse

Die Verbindungsstraßen sind meistens in gutem Zustand und werden derzeit stellenweise neu gebaut oder überholt. Auf Schlaglöcher, zahlreiche unangekündigte Speed-Bumps und risikofreudige Moped- und Busfahrer muss man jedoch höllisch aufpassen. Die Nebenstrecken sind teilweise in schlechtem Zustand. Hier ist man über gute Wetterverhältnisse und ein funktionierendes Allrad dankbar. In Uganda ist Linksverkehr und man benötigt einen internationalen Führerschein.

Übernachten / Camping

Die Übernachtungsmöglichkeiten sind außerhalb der Touristenzentren zum Teil eingeschränkt. Kleine Guest Houses findet man jedoch meistens, deren Standard ist aber natürlich nicht mit dem Europas vergleichbar. Gute Campingmöglichkeiten gibt es bei Hotels und Lodges oder in Nationalparks. Eine Übersicht bekommt man unter www.hotelsinuganda.com und www.booking.com, auf www.roadtripafrica.com sind weitere Campingmöglichkeiten aufgelistet.

Adressen

Deutsche Botschaft in Kampala: 15 Philip Road, Kampala, Tel: 0414-501111, www.kampala.diplo.de

Aktuelle Reise- und Sicherheitshinweise
www.auswaertiges-amt.de

Mietwagen
www.roadtripafrica.com
Uganda Wildlife Authority (UWA):
www.ugandawildlife.org (Für Gorilla- und Schimpansen-Trekkings und Infos der unterschiedlichen Nationalparke)
www.visituganda.com (Uganda Tourism Board)

Literatur & Karten

Christoph Lübbert u. a., Uganda & Ruanda & Ost-Kongo, Reise Know-How Verlag, 2019. In der App Galileo kann man Karten herunterladen und vor Ort offline verwenden.

2018 sind meine Frau und ich nach Portugal aufgebrochen. Das Ziel: Freunde besuchen, die seit einer Weile dort leben, und dann weiter zum Atlantik an der westlichsten Küste Europas. Das Fahrzeug: Ein alter VW-Bus T4, den wir kurzerhand zum Low-Budget-Reisemobil umgebaut haben.

Text: **Michael Scheler**
Fotos: **Katrin & Michael Scheler**

Bis an die Westküste Europas

Fahrzeug

VW-Bus T4 Syncro ohne weitere technische Umbauten. Innenausbau selbst entworfen und gebaut nach dem Motto »Es muss günstig und schnell gehen, und wir hassen Winkel aus Metall«.

Unser Ausbau ist einfach gehalten aber funktionell. Waschbecken, Kühlbox, ausreichend Stauraum, Tisch, Sitzplatz und Schlafmöglichkeit – alles drin.

Spanien und vorher Frankreich als Transitländer zu durchqueren, ist ein seltsames Gefühl. Beide Länder sind für uns Deutsche Urlaubsländer und gerade wenn man – so wie wir – extrem frankophil ist, möchte man im einen oder anderen französischen Städtchen verweilen, Lebensart und Küche genießen. Da uns aber von unserem Startort im südlichen Bayern bis zum Zielort kurz oberhalb von Lissabon gut 2500 Kilometer trennen, machen wir drei Tage lang Strecke. Und die ist mit drei kurzen Worten beschrieben: Es – zieht – sich! 2017 sind Freunde von uns nach Portugal ausgewandert. Kurz vor ihrer Abreise kam natürlich das unweigerliche Versprechen: Wir besuchen euch. Da in Deutschland ohnehin der Herbst beginnt und die Temperaturen langsam fallen, bietet sich Mitte September an, endlich »Butter bei die Fische« zu tun und aufzubrechen. Da wir gerne mit dem Wohnmobil

Portugal

Das Café ohne Namen befindet sich zum Glück nicht auf der »Road to Nowhere«, die die Talking Heads 1985 besungen haben.

Auf dem Hinweg zu unseren Freunden ist daher »Kilometerfressen« angesagt. Ein französischer Supermarkt kostet uns dann aber doch rund einen halben Tag Zeit, und wir schaffen an diesem Tag nur etwa 500 Kilometer. Während in Deutschland das Wetter herbstlich wird, empfängt uns Portugal mit über 35 Grad und strahlendem Sonnenschein. Und während wir über eine fast leere (und ziemlich teure) Autobahn dem Sonnenuntergang entgegen rollen, stellt sich ein längst vergessenes Gefühl ein: In unserem über zwei Jahrzehnte alten Bulli, mit dem wir jetzt durch halb Europa gefahren sind, kommen wir uns wieder vor wie mit 20. Dass der Personalausweis anderes behauptet, muss offensichtlich ein Fehler vom Amt sein. Und noch etwas stellen wir fest: Die Geschwindigkeit, mit der wir unterwegs sind, entschleunigt. Mehr als 120 bis 130 km/h sind mit dem alten, aber zuverlässigen 60-PS-Diesel kaum drin. So hat sich bei uns eine Ruhe und Gelassenheit eingestellt, die wir aus dem hektischen Alltag zwischen Beruf, Einkaufen und anderen Dingen, die noch dringend erledigt werden müssen, lange nicht mehr gespürt haben.

Kilometerfressen ist angesagt

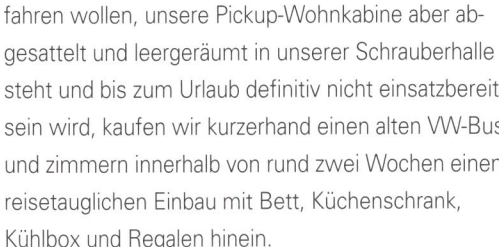

fahren wollen, unsere Pickup-Wohnkabine aber abgesattelt und leergeräumt in unserer Schrauberhalle steht und bis zum Urlaub definitiv nicht einsatzbereit sein wird, kaufen wir kurzerhand einen alten VW-Bus und zimmern innerhalb von rund zwei Wochen einen reisetauglichen Einbau mit Bett, Küchenschrank, Kühlbox und Regalen hinein.
Drei Wochen Urlaub in südlicher Sonne und auf der einen oder anderen Offroad-Piste sind geplant.

Schnell stellen wir fest, wie gut sich unsere Freunde hier schon eingelebt haben. Beim gemeinsamen Frühstück im Supermarkt des Dorfes, der auch Treffpunkt und Café-Bar ist, genießen wir nicht nur

Die Buchhandlung in Óbidos ist ein Paradies für Leseratten. Hier stapeln sich die Bücher bis unter die Decke.

Die Stadtmauern von Óbidos sind beeindruckend. Wie in Rothenburg ob der Tauber kann man auf den alten Wehrgängen einmal um den Ort laufen.

die ersten portugiesischen und sündhaft süß wie leckeren Backwaren, sondern lernen auch eine Menge über Land, Leute und Lebensweise. Wie gut sie sich tatsächlich schon auskennen, zeigt am Sonntag der gemeinsame Besuch des mitten im Wald gelegenen Santana-Marktes nördlich von Rio Major. Dieser jeden Sonntag abgehaltene Markt bietet alles, was man zum Leben benötigt: Kleidung, Schuhe, Töpfe, Gartengeräte, Grillzubehör, natürlich Obst, Gemüse, Brot, Honig, Fisch und Fleisch – letzteres auch lebend. Wer Hühner, Puten, Gänse oder Hasen für den eigenen Bauernhof sucht, ist hier richtig.

Mit vollem Magen zu diesem Markt zu kommen ist ein grober Fehler, denn eine Ecke der Marktfläche ist dem leiblichen Wohl vorbehalten. Hier wird Huhn gegrillt, Schweinebraten in der Glut geschmort oder Schnitzel in Weißwein gegart. Wer sich gegen Mittag den Bauch dann vollgeschlagen hat, nimmt noch einen Café, der hier Bica genannt wird.

Das komplette Gegenteil ist Óbidos. Der alte, restaurierte Ort mit seiner Stadtmauer, auf der man einmal den Stadtkern umrunden kann, erinnert an Rothenburg ob der Tauber. Natürlich auch wegen der Stadtmauer, aber vor allem wegen der Busladungen voller Touristen, die hier angekarrt werden. Zum Glück ist der riesige Parkplatz vor den Stadttoren jetzt im Herbst nur spärlich besetzt. Trotzdem erscheint uns der kleine Ort zu voll, die Auslagen der Geschäfte zu kitschig, das Flair zu touristisch, so dass wir nach einem kurzen Spaziergang durch die Gassen weiterziehen. Angetan hat es uns allerdings die Buchhandlung im Ort, reichen die Regale doch tatsächlich bis unter die Decke und sind mehrere Meter hoch. Ein Paradies für Leseratten.

Das Naturschauspiel, das die heranrollenden Wellen bieten, ist immer wieder faszinierend. Man kann stundenlang zuschauen.

Portugal

Da wir allein und ohne Seilwinde am Fahrzeug unterwegs waren, haben wir das Offroaden ins Inland verlegt. In Küstennähe sind die Strecken zum Teil sehr sandig und man kann schnell steckenbleiben.

Die Gischt spritzt immer wieder meterhoch Die heranrollenden Flutwellen des Atlantiks donnern mit Wucht gegen die Mole. Wir haben uns von unseren Freunden verabschiedet und sind nun am Meer – endlich. Bei unserem Spiel »wer zuerst das Meer sieht« ging es auch diesmal wieder hoch her, und wir mussten uns immer wieder gegenseitig daran erinnern, dass Flüsse, Seen oder die Grafik auf dem Navi natürlich nicht zählen. Nun stehen wir direkt am Wasser und sehen diesem immer wieder atemberaubenden Naturschauspiel gebannt zu. Mit Spannung beobachten wir die auf der Mole stehenden Angler, die auf frischen Fisch für ihr Abendessen hoffen. Nach einer halben Ewigkeit kehren wir zurück zu unserem Bulli und machen uns auf die Suche nach einem Platz für die Nacht.

Mittlerweile haben wir viel zu viele Kilometer auf der Straße zurückgelegt und es wäre endlich an der Zeit, etwas Gelände unter die Räder zu nehmen. Als wir gerade in einen der zahllosen nicht asphaltierten Pfade, die hier nahezu überall zu finden sind, einbiegen wollen, treffen wir auf ein Wohnmobil, dessen Fahrer seine Vorderräder hoffnungslos im losen Sand vergraben hat. Also ist erstmal Bergehilfe angesagt. Mit Schaufel, Wagenheber und Unterlegkeilen machen wir das Wohnmobil wieder flott. Der Schweiß fließt dabei in Strömen, aber nach gut einer halben Stunde haben wir es gemeinsam geschafft. Die überglückliche Besatzung schenkt uns zum Dank eine Flasche Wein, die wir gerne annehmen. Anschließend besehen wir uns die Piste zu Fuß etwas näher. Hier in Küstennähe finden sich immer wieder viele Abschnitte, die aus weichem Sand bestehen.

Spannende Wege gibt es in Portugal zuhauf.

Mitunter geht es stundenlang durch verbrannte Wälder.

Da wir allein unterwegs sind und auch keine Seilwinde am Bus montiert ist, beschließen wir, es mit den Pisten lieber etwas weiter im Inland zu versuchen. Schließlich wollen wir fahren und nicht alle paar Meter steckenbleiben.
Fahrbare Strecken gibt es jede Menge, jedoch führen nicht alle irgendwo hin.

Fast überall findet man wilde Feigenbäume.

Die Fischtheken sind ein Paradies für Köche.

Manche enden einfach irgendwo an einem Wald, einem Feld oder einer Wiese. Daher ist es ratsam, gutes Kartenmaterial dabeizuhaben oder ein offroad-taugliches Navi, das auch kleine Wege anzeigt. Dafür belohnen einen die Strecken mit unberührt erscheinender Natur, atemberaubenden Ausblicken und gerade im Norden des Landes mit den Dinosauriereier genannten Felsen.

Bei den hier stattfindenden Offroad-Rallyes führt die Strecke zum Teil direkt über die massiven Steinformationen. Wir wählen mit unserem Bulli lieber den Weg zwischendurch und klettern zu Fuß auf die Felsen.
Manchmal hält der Ausblick jedoch nicht nur Schönes bereit. So sehen wir an einem Tag Rauchsäulen in der Ferne.

Portugal

Unser Vorzelt schützt vor dem Wind, der an der Küste fast ständig bläst.

Den Orangensaft bitte frisch gepresst. Kein Problem!

Der Tisch lässt sich auch in der Schiebetür anbringen.

Nachdem wir die Tage zuvor zum Teil stundenlang durch komplett verbrannte Wälder gefahren sind, hoffen wir, dass die Bombeiros, die portugiesischen Feuerwehrleute, auch diesmal einen guten Job machen und den Brand schnell löschen können. Im Jahr zuvor standen hier unzählige Waldflächen in Brand. Und obwohl man mittlerweile viele Feuerschneisen in die Wälder geschlagen und sie vom schnell brennbaren Unterholz befreit hat, kommt es immer wieder zu Feuern, die in den trockenen Eukalyptus- und Kiefernwäldern ausreichend Nahrung finden. Da Portugal mittlerweile zu einem der größeren Lieferanten für die Papierindustrie geworden ist, sind diese Waldgebiete oft riesig und Brände vom Boden aus schwer zu bekämpfen.

So sehen wir immer wieder die Löschflugzeuge kreisen, was jedes Mal ein leicht mulmiges Gefühl bei uns auslöst. Unsere Feuerschale bleibt jedenfalls da, wo sie ist: im Stauraum unter dem Bett.

Drei Wochen sind zu kurz für eine Reise nach Portugal, stellen wir fest, als wir uns nach zwei Wochen langsam auf die Rückreise machen. Das Land ist einfach zu schön, die Menschen zu freundlich, das Essen zu lecker und die Anreise dafür einfach zu weit. Dennoch, ein letzter Abstecher ins Gelände und schon geht es auf die Autobahn und über die Grenze nach Spanien. Dort fallen wir noch in einen Supermarkt ein, kaufen Schinken, Chorizo und spanischen Brandy und lassen den Bulli nach dem Volltanken anschließend bis nach Frankreich durchrollen. Für die restlichen Kilometer lassen wir uns Zeit, und erkunden kleine Ortschaften und große Supermärkte. Frankreich als Transitland? Das funktioniert bei uns eben doch nicht.

Tipps

Tanken
Zur Zeit unserer Reise waren Diesel und Benzin in Spanien billiger als in Frankreich und vor allem in Portugal. Es lohnt sich daher, mit nahezu leerem Tank nach Spanien ein- und randvollem Tank aus Spanien auszureisen.

Mautsystem
Für die portugiesischen Autobahnen gilt Mautpflicht. Dabei gibt es zwei verschiedene Systeme: Die klassischen Mautstationen, an denen ein Ticket gezogen oder bezahlt wird, und Strecken, auf denen die Fahrzeuge elektronisch erfasst werden und so die Maut berechnet wird. Hierzu muss das Fahrzeug vorab registriert werden. Die Gebühr wird vorab bezahlt oder von einem Guthaben oder einer Kreditkarte abgebucht. Die Registrierung und Bezahlung können direkt neben der Autobahn an den Mautbrücken (EASYToll) oder vorab im Internet (TOLLCard – ww.tollcard.pt) erfolgen.

Offroad-Routen
Portugal ist durchzogen von Offroad-Pisten und unbefestigten Wegen. Manche enden jedoch einfach im Nirgendwo. Gutes Kartenmaterial oder ein Offroad-Navi mit aktuellem Kartensatz helfen bei der Planung.

Ausrüstung
Gerade in Küstennähe kann es auf den Wegen immer wieder Weichsand-Passagen geben. Hierauf sollte man vorbereitet sein und entsprechende Bergeausrüstung (Schaufel, Sandbleche, evtl. Seilwinde) dabeihaben.

Literatur & Karten

Reise Know-How – Wohnmobil-Tourguide Portugal
Michelin-Karte 734 – Spanien Portugal 1:1.000.000
Michelin-Karte 733 – Portugal Madeira 1:400.000

Norwegen im Winter ist mystisch und das Nordkap ein Traumziel vieler Reisender. Mein lieber Kollege Martin Zink fuhr mit einem Freund bei bis zu minus 30 Grad ans Nordkap. Die beiden schliefen dabei in Dach- und Wurfzelt und waren froh, dass sie die Reise mit einem Allradfahrzeug unternommen haben.

Text & Fotos: **Martin Zink**

Schnee, Glätte, riesige Distanzen und eisige Temperaturen

Immer nach Norden

Fahrzeug

Nissan Navara mit Daktec-Umbau, Seilwinden-Stoßstange mit Seilwinde, Unterfahrschutz, Fahrwerkshöherlegung, größere Räder mit AT-Profil, Doppel-Batteriesystem & Autohome-Dachzelt.

Skandinavien

Eigentlich ist das Nordkap kein klassisches Reiseziel für Offroader. Obwohl die Natur wirklich beeindruckend ist, sind andere Dinge eigentlich langweilig: Asphaltstraßen, keinerlei Offroad-Passagen und nur wenige Herausforderungen. Allrad braucht man also nicht. Zumindest im Sommer. Im Winter sieht das vollkommen anders aus, und das war es, was uns im Winter ans Nordkap trieb: Schnee, Glätte, riesige Distanzen und eisige Temperaturen, die Mensch und Material fordern. Bei diesen winterlichen Bedingungen machen Allrad und erhöhte Bodenfreiheit schon deutlich mehr Sinn als im Sommer und sind manchmal Garant für schnelles und sicheres Durchkommen.

Die Temperaturen fordern Mensch und Material

Unsere Reise soll keine Sightseeing-Tour werden, also kein länger als nötiges Verweilen an schönen Orten, sondern so schnell wie möglich ans Nordkap. Wir fahren über Dänemark und dann über die

Riesig: Wie unendlich die Wälder Skandinaviens wirklich sind, zeigt sich beim Flug mit der Drohne.

Abkürzung: Mit der Fähre geht es von Bodø nach Å auf den Lofoten, der Stadt mit dem kürzesten Namen der Welt.

Anstellen: Manchmal geht es erst weiter, wenn der Schneepflug vorausfährt.

Öresundbrücke nach Schweden, durch das wir eine ziemlich gerade Route geplant haben. Kurz entschlossen biegen wir dann aber doch nach Norwegen ab, um auch die Lofoten mitzunehmen. So sind wir in einem umgebauten Nissan Navara mehr als 3600 Kilometer bis an die Spitze Europas unterwegs und fast die gleiche Distanz wieder zurück. Bedingung unserer Reise ist es, so oft wie möglich zu Campen. In Norwegen ist wildes Campen zwar vielfach erlaubt, das heißt: Solange man seinen Müll wieder mitnimmt und nicht zu nah an bebauten Gebieten steht, erlaubt der Gesetzgeber frei zu stehen. Das wollen wir jedoch nicht, sondern gehen auf Campingplätze.

Auf dem Weg gibt es auch viele kostenlose Stellplätze, die meist sogar mit Toiletten ausgestattet sind (im Winter allerdings zum Teil – nicht alle – verschlossen). Diese tolle Infrastruktur macht es Winter-Reisenden sehr einfach.

Bald kommen die ersten Schwierigkeiten: Zwar fahren wir mit Navigationssystemen, allerdings sind Straßensperrungen aufgrund von Schneeverwehungen sehr oft nicht eingetragen. Manche Straßen, gerade weiter im Norden, sind stundenlang nicht passierbar. In solchen Situationen sammeln sich viele Fahrzeuge vor den Sperrungen

Skandinavien

Verrückt: Bedingung unserer Reise ist es, so oft wie möglich zu campen. Die vielen Camping- und Stellplätze in Skandinavien machen es zum Glück einfach und angenehm.

Winterlandschaft: Links und rechts der Wege liegt tausende Kilometer lang teilweise meterhoher Schnee.

Eingeschneit: Weiter von der Straße abgelegene Häuser werden mit dem Schneemobil angefahren. Das Auto wird derweil an der Straße geparkt.

und warten auf Schneepflüge oder Schneefräsen. Hier reihen wir uns mit ein. Offiziell werden dann Kolonnenfahrten angeboten: Dicht an dicht gereiht, Warnblinker und alle Scheinwerfer angeschaltet, geht es oft kilometerweit hinter Räumfahrzeugen durch die schönste Schneelandschaft. In Norwegen sind unglaublich viele Fahrzeuge mit

Zeltleben: Direkt am Fjord entschädigt dieser Ausblick am Morgen für eine kalte Nase im Schlafsack.

Allradantrieb unterwegs, weswegen auch steile Anstiege bei diesen Kolonnenfahrten kein Problem darstellen. Mit unserem Navara kommen wir gut mit. Wir sehen aber auch einige Touristen in Fronttrieblern, die es nicht schaffen und in diesen Kolonnen liegenbleiben.

Die Natur auf der Strecke zum Nordkap begeistert uns: Wilde Fels- und Gesteinsformationen, überall sieht man gefrorene Wasserfälle und tief verschneite Ferienhäuser. Oft stehen einsame Fahrzeuge am Straßenrand, die weit entfernten Häuser werden von den Bewohnern mit Schneemobilen angefahren.

Meist führen die Straßen in Tälern an Flüssen entlang. Mal sind die Wege gefroren, mal befahrbar. Auf den gefrorenen Flüssen sind ständig Schneemobile unterwegs, die mit hohen Geschwindigkeiten durch die weiße Pracht pflügen. Hohe

Eisig: Am Morgen sind die Zeltplanen mit feinen Eiskristallen überzogen.

Geschwindigkeiten – ein Grund, weshalb wir unbedingt auch einen Ausflug mit diesen walzenbetriebenen Spaßgeräten unternehmen wollen. Auf einem unserer Campingplätze finden wir schnell die Möglichkeit einer geführten Tour und sind dann mehrere Stunden bei minus 13 Grad auf dutzenden gefrorenen Seen unterwegs. Eine unglaubliche Erfahrung. Aber auch eine teure Erfahrung – zu-

mindest in Norwegen. In Schweden sind ebenfalls viele Touranbieter ansässig, wobei die Preise hier deutlich geringer ausfallen.

Auf dem Weg ans Nordkap folgen wir lange der E4 durch Schweden, biegen über die E45 nach Vilhelmina ab und fahren über die 95 nach Norwegen weiter. Die Straßenverhältnisse sind im Winter für unser Verständnis abenteuerlich. Generell salzen die Skandinavier ihre Straßen im hohen Norden nicht. Sie schieben den Schnee zur Seite, zurück bleibt eine dicke Eisschicht. Auf unseren ersten Kilometern lassen wir es europäisch-ruhig angehen und fahren maximal 50 km/h. An unserem Fahrzeug sind BF-Goodrich-AT-Reifen montiert, die auf Norwegens vereisten und verschneiten Straßen ganz hervorragend funktionieren. Nach wenigen hundert Kilometern wächst unser Selbstvertrauen und wir erhöhen auf bis zu 110 km/h. Ob das weise und sinnig ist, wissen wir nicht, aber es funktioniert. Gerade weil viele Passagen einfach schnurgeradeaus führen, sind diese Geschwindigkeiten kein Problem. Eine irre Erfahrung. Mancher Einheimische überholt uns aber selbst bei diesen Geschwindigkeiten noch, hat aber auch Spike-Reifen aufgezogen. Links und rechts der Wege liegt tausende Kilometer lang meterhoher Schnee. Alles ist eingeschneit, und auf abgestellten Fahrzeugen messen wir bis zu 1,30 Meter Schnee. Wahnsinn!

Wahnsinnig ist wohl auch unsere Idee, auf dem Weg ans Nordkap zu campen. Über Google-Maps suchen wir hierzu Campingplätze entlang unseres Weges und finden jedes Mal nach wenigen Telefonaten auch einen geöffneten Platz. Wir schlafen im Dachzelt und einem Wurfzelt. Am Morgen sind die Zeltplanen dann mit feinen Eiskristallen aus gefrorener Atemluft überzogen. Bis minus 10 Grad können wir ohne technische Hilfsmittel aber sehr gut schlafen, Mütze und Halstuch sowie zwei weitere Decken müssen jedoch sein. Ab minus 10 Grad betreiben wir dann jeweils ein Heizkissen im Schlafsack. Unfassbar effektiv und einfach. Um die Starterbatterie nicht zu belasten, schließen wir die 100 Watt starken Heizkissen an unsere Versorgungsbatterie des Doppelbatteriesystems an. Nach jeweils drei Stunden schalten die Kissen automatisch aus, weshalb die Batterie nicht übermäßig belastet wird.

Dafür kommt unser Gaskocher mit einem Butan-Propan-Gemisch an seine Grenzen: Ab circa minus 6 Grad lässt die Leistung extrem nach, nur ein Schütteln der Kartusche ermöglicht dann für kurze Zeit eine bessere Leistung. Geeigneter sind spezielle Winterkartuschen, die durch ein absorptionsfähiges Papier in der Kartusche die Oberfläche für die Verflüchtigung des Gases vergrößern. Diese Kartuschen funktionieren bei bis zu minus 20 Grad. Größere Kartuschen sind physikalisch durch die größere Verdunstungsfläche besser als kleine. Insgesamt ist die Versorgung in Norwegen sehr teuer. Wichtige Reiseutensilien, wie Whisky und Cola, sind fast unbezahlbar. Wir führen daher fast alles mit. Allerdings müssen wir die Erfahrung machen, dass die Mitnahme von Flüssigkeiten in größeren als Tagesmengen keinen Sinn macht. Solange der Innenraum warm ist, ist alles ok – spätestens während der Nacht aber gefrieren die Getränke.

Problematisch: Der Gaskocher funktioniert bei niedrigen Temperaturen nur mit speziellen Winterkartuschen.

Geschmackssache: Kann man probieren, muss man aber nicht. Der Geruch des schwedischen Surströmming ist nicht für jede Nase geeignet.

Als wir das Nordkap nach vier Tagen Fahrt erreichen, sind die letzten 13 Kilometer wieder mal nicht passierbar. Dreimal am Tag bietet die dortige Kommune daher Kolonnenfahrten an. Ein riesiger Schneepflug führt die Besucher durch eine Hochebene direkt zu einem Parkplatz. 55 Euro Eintritt samt Parkplatz machen es dann möglich, direkt am touristischen Nordkap zu stehen. Wir haben Glück: gutes Wetter, keine riesigen Reisegruppen. Wer Pech hat, steht hier zusammen mit zehn Busladungen voll Touristen, die oft von den Hurtigruten-Schiffen vom Hafen in Honningsvag an das Nordkap gefahren werden. In der Nähe des Nordkaps werden Campingplätze extrem rar. Wir finden keinen geöffneten Platz und müssen daher doch mal auf ein Hostel in Honningsvag zurückgreifen, was zur Abwechslung ganz angenehm ist, bevor wir uns auf den rund 3000 Kilometer langen Rückweg durch das verschneite Schweden machen.

Faszinierend: Die Nordlichter sind ein absolut beeindruckendes Naturschauspiel. Dafür bleibt man schon mal bis tief in die Nacht wach.

Tipps

Reisezeit

Das Nordkap ist im Winter ein beeindruckendes Ziel. Der Weg dorthin ist mit zum Teil durchaus großen Schwierigkeiten verbunden, und die Wetterbedingungen fordern viel vom Fahrzeug und den Passagieren. Die Natur in Norwegen, verbunden mit großen Schneemengen, bietet viele fantastische Eindrücke. Und Allrad macht wirklich Sinn. Wirklich.

Das Nordkap

Eigentlich ist das Nordkap gar nicht das echte Nordkap. Das echte Nordkap befindet sich nicht auf dem Festland, sondern auf einer dieser vorgelagerten Inseln. Der nördlichste Punkt des Festlandes ist die Landzunge Kinnarodden. Auch auf der Insel Magerøya, auf der auch das Nordkap liegt, befindet sich auf 71° 11′ 08″ nördlicher Breite ein noch 1400 Meter weiter nördlich gelegener Punkt, nämlich die westlich benachbarte Landzunge Knivskjellodden. Das touristische Nordkap ist allerdings das einzige, das auch mit dem PKW erreicht werden kann.

Ausrüstung

Heizkissen, z. B. von Bosch circa 20 Euro
Primus Winterkartusche, circa 10 Euro
Soto-WindMaster-Sturmkocher, circa 90 Euro
Campinggeschirr von Decathlon, circa 35 Euro
Schlafsack Nordisk Gormsson, bis minus 20 Grad, circa 220 Euro

Wichtige Telefonnummern

Polizei: **112**, Rettungsdienst: **113**, Feuerwehr: **110**
Deutsche Botschaft in Norwegen: +47 23 27 54

Anreise

Ab Hirtshals in Dänemark kann man nach Langesund bei Oslo per Fähre reisen. Rechtzeitig gebucht kostet diese Variante knapp 300 Euro. Lange Reisefahrzeuge sind deutlich teurer. Auf dem Landweg kann es über Dänemark und Kolding nach Kopenhagen und Malmö über die Öresundbrücke gehen. Die Maut kostet knapp 60 Euro, wobei die Strecke knapp 200 Kilometer länger ist als eine weitere Variante über Fehrmann. Hier kann die Scandline-Fähre nach Puttgarden genutzt werden. Sie kostet knapp 90 Euro und dauert 40 Minuten. Alle Anreisevarianten haben ihre Vor- und Nachteile. Die Fähre nach Oslo dauert vier Stunden, was vier Stunden Erholung bedeutet, ist aber teuer. Die Fahrt über die Öresundbrücke ist länger aber etwas günstiger als die Fähre ab Fehmarn. Die weitere Reiseroute, ob durch Norwegen oder Schweden, entscheidet über die Anreise.

Fahrzeug

Gute, am besten neue, Winterreifen sind absolute Pflicht. Schneeketten können mitgeführt werden, waren auf unserer Reise aber nicht notwendig. Man kann sein Fahrzeug samt Kennzeichen im Voraus registrieren, um die Mautabrechnung zu vereinfachen. Auf dem Weg an das Nordkap im Winter erlebten wir bis zu minus 30 Grad. Das Fahrzeug muss dafür vorbereitet werden. Die Kühlerflüssigkeit sollte bis minus 60 Grad ausgerüstet sein, auch das Wischwasser geprüft werden. Die Gummidichtungen der Türen sollten mit Glycerin bestrichen werden. Zusatzscheinwerfer machen die Nacht zum Tag, denn die Nächte

in Schweden sind unfassbar dunkel. Man sollte so oft wie möglich tanken, da der Diesel bei tiefen Temperaturen in einem halbvollen Tank deutlich schneller geliert als in einem vollen, und das, obwohl in kalten Regionen spezieller Winterdiesel erhältlich ist. Vor der Reise sollte der Dieselfilter erneuert werden, da sich darin Wasser sammeln kann, welches bei tiefen Temperaturen hoch im Norden gefrieren und zum Fahrzeugausfall führen kann. Am besten ist ein weiterer, passender Filter an Bord, um einen schnellen Wechsel durchführen zu können.

Camping
Winter-Gaskartuschen ermöglichen das Kochen auch bei bis zu minus 20 Grad. Eine Thermoskanne hält das Wasser für den morgendlichen Kaffee auch bei tiefen Temperaturen über Nacht flüssig. Sitzmöglichkeiten mit geschlossener Rückenlehne ermöglichen auch bei großer Kälte langes Sitzen im Freien. Schlauchtücher für den Hals sind tolle Erfindungen und sind sowohl für den Kopf als auch den Hals als Wärmeschutz geeignet, gerade im Zelt während des Schlafens.

Formalien
Die Einreise ist mit einem Personalausweis möglich. Kinder müssen einen Reisepass mitführen. Die Einfuhr von Alkohol und Zigaretten ist nur bis zu bestimmten Mengen möglich. Ein Liter Alkohol ab 22 bis 60 Volumen-Prozent ist pro Person erlaubt. Zusätzlich dürfen 1,5 Liter Wein und 2 Liter Bier eingeführt werden. Verschiedene Varianten sind möglich. Spezielle Impfungen sind nicht notwendig. Das Leitungswasser in Norwegen ist von ähnlicher Qualität wie in Deutschland. Die Polizei arbeitet auf hohem Niveau, und Bestechung wird mit empfindlichen Strafen geahndet.

Verkehrsregeln
Alkohol am Steuer ist eine Straftat und wird ab 0,2 Promille verfolgt. Es muss immer mit Abblendlicht gefahren werden. Die Höchstgeschwindigkeit für PKW und Wohnmobile bis 3,5 t beträgt 50 km/h innerorts, 80 km/h außerorts und 90 km/h auf Autobahnen.

Nordlichter fotografieren
Im Norden ist die Wahrscheinlichkeit, Nordlichter zu sehen, sehr hoch. Spezielle Smartphone-Apps ermöglichen das Finden der besten Spots. Wir nutzen die App »Polarlicht« für Android. Dort wird die aktuelle Stärke der Sonneneruptionen angegeben und die Wahrscheinlichkeit, sie am aktuellen Standort in Relation zur Wolkendecke zu sehen. Am besten fotografiert man Polarlichter mit einem Stativ. ISO-Wert auf circa 100 bis 200 stellen und mit einer Belichtungszeit von 15 Sekunden beginnen. Blende circa 7 oder kleiner. Je länger belichtet wird, desto besser, zumindest bei stehenden Polarlichtern. Meist sieht das menschliche Auge Polarlichter weiß. Auf den Fotos sind sie jedoch sehr oft grün.

Literatur & Karten & Internet

Thomas Krämer et al., Das Reisebuch Skandinavien, München 2020
Kümmerly+Frey: Schweden Regionalkarten A537-1261 Süd-Schweden (Süd),
A537-1262 Süd-Schweden (West),
A537-1263 Süd-Schweden (Ost),
A537-1264 Mittel-Schweden,
A537-1264 Nord-Schweden (Süd) & A537-1265 Nord-Schweden (Nord) – 1:250.000 (Süd + Mitte) & 1:400.000 (Nord)
Freytag & Berndt: Nordeuropa Skandinavien – 1:2.000.000

https://matsch-und-piste.de/defender-in-norwegen/

Einmal im Jahr für längere Zeit nach Afrika und in die Wüste zu fahren ist für Tine und Michael Dennig zum Ritual geworden. Hier können sie abschalten, auftanken, neues erleben und unendliche aber einsame Weite genießen. Doch nicht immer scheint alles friedlich.

Text: **Tine Dennig**
Fotos: **Tine & Michael Dennig**

Mit Freunden Neues entdecken

Fahrzeug
Unimog U 1300 mit Atlas4x4-Umbau.
(Michael ist Inhaber der Firma, das Fahrzeug Vorführmodell und eigenes Allrad-Reisemobil).

Die Bauern treiben ihre Rinder zum Grasen hinaus.

Wie vor jeder großen Reise rutschen mir die Wochen durch die Finger. Unsere To-do-Liste ist ellenlang, und jeden Tag kommen mehr Aufgaben hinzu. Das ersehnte Zolldokument vom ADAC ist eingetroffen, genauer gesagt, es liegt bei der Post zur Abholung bereit. Um meinen Kopf zu durchlüften, lasse ich das Auto stehen und gehe zu Fuß. Ein Vogelschwarm zieht langsam über mich hinweg, vielleicht auf dem Weg in den Süden. Ich bin ein Glückspilz. Schon bald ziehen wir los nach Afrika – wie die Zugvögel, die im Frühjahr wiederkommen.

Endlich Schwarzafrika

In Mauretaniens hinterstem Flecken Hamoud sitzen wir bei der Gendarmerie am Tisch, um eine Einverständniserklärung abzuschreiben, die auf nicht näher erläuterte Gefahren im Nachbarland Mali hinweist. Es ist ein bisschen wie früher in der Schule, wir tun, wie uns geheißen. Abschreiben, ohne wirklich zu verstehen, ohne nachzufragen. Et voilà: Der Gendarm zückt den Ausreisestempel. Es gibt keinen Schlagbaum, es gibt keine Fahrzeugkontrolle, wie es in Afrika an den offiziellen Grenzübergängen sonst üblich ist. Wir dürfen einfach fahren. In einem Gewirr aus Trampelpfaden und Reifenspuren suchen wir die Piste über die grüne Grenze nach Mali.
Die Farben sind hier anders. Sie wirken irgendwie bleicher. Die Luft ist erfüllt von Staub. Das Gras ist versengt. Wir passieren ab und an Siedlungen. Lauter schöne Frauen, überall rennen Kinder. Es ist ein ausgesprochen ursprünglicher Landstrich. Die Menschen leben in Rundhütten und von Viehzucht. Wir sehen vorwiegend Frauen, die meisten mit einem Kind auf dem Rücken. Die Männer, vermuten wir, sind als Wanderarbeiter in den Städten oder in den Nachbarländern. Die Gegend ist flach, der Baumbestand der Baobabs nimmt deutlich zu, sonst

Die Natur versetzt einen immer wieder in Erstaunen. Die Baobab-Bäume in Mali sind genauso beeindruckend wie die faszinierenden Felsenbrücken.

Laubhölzer, Akazien und Unbekanntes – eine ländliche Idylle. Der Baobab gilt als Afrikas Wunderbaum. Seit alters her werden die Früchte, Rinde und Blätter als Heilmittel gegen allerlei Gebrechen eingesetzt. Der Baum ist Gegenstand unzähliger Märchen, Mythen und Legenden. Tausend Jahre und mehr kann er alt werden, doch im Gegensatz zu anderen Bäumen schrumpft er im Alter. Wir schlagen unser Lager unter einem unglaublich dicken Baobab auf, der seine bizarren Äste wie eine Schutzgottheit über uns ausbreitet. Die Sonne geht eigentlich nicht unter, sie ermattet im Dunst.

Eine lange, ereignislose Wartezeit

Nach einer Stunde in Kayes beim Zoll waren wir in fünf Büros. Alle, vom kleinen Beamten bis zum Chef, scherzen und witzeln mit uns, aber keiner möchte die Verantwortung für unser Carnet de Passage übernehmen und es abstempeln. Längst haben wir im Dschungel der Bürotüren die Orientierung verloren. Hier ein Kommandant, dort ein Colonel oder gar ein Leutnant. Ohne einen Augenblick zu zögern, murmelt der Beamte, der auch im Halbdunkel des Büros seine goldumrandete Sonnenbrille nicht abnimmt, hinter seinem massiven Schreibtisch etwas von »warten« und schickt uns zwei Türen weiter. Dort fläzen junge Afrikaner auf verschlissenen Sofas, außerdem gefällt sich hinter seinem schiefen Schreibtisch mit vergilbtem Papierkram ein Gehilfe oder dergleichen in einer sich wichtig gebenden Pose.

Dreißig Minuten vergehen. Unsere Zolldokumente ruhen noch immer friedlich auf dem windschiefen Schreibtisch und wir beschließen zu gehen (laut ADAC ist es unklar, ob in Mali das Carnet de Passage anerkannt wird). Unser Freund Burkhard, der mit seiner Frau Sabine in der »Pistenkuh« mit uns unterwegs ist, greift nach seinem Zolldokument, und innerhalb dieses Augenblicks verändert sich die Atmosphäre: Plötzlich springt der Hilfszöllner, der eben noch selbstgefällig dagesessen hat, hinter seinem Schreibtisch auf und schnappt sich das Dokument in Burkhards Hand. Worauf Burkhard impulsiv reagiert. Er hat die Stimme erhoben: »Das gehört mir!« und streckt wütend seine Hand danach aus. Doch da ist der Ausdruck von Gekränktheit in dem Gesicht des Hilfszöllners. Nein, er hat nicht vor, die Zolldokumente herauszurücken. In seinen Augen ist jede Spur von Heiterkeit ausgelöscht. Mit energischen Schritten geht Burkhard aus dem Raum hinaus, die zwei Türen auf dem Korridor zurück, um den Vorgesetzten des Gehilfen zu sprechen. Nach einem kurzen Hin und Her brummt der Vorgesetzte

Zwischen den riesigen Bäumen und mitten in der Natur schlagen wir unser Nachtlager auf.

mit halb säuerlicher Miene in unsere Richtung »Warten Sie hier!« und gibt insofern seinem Hilfszöllner recht.

»Er kommt von weit«, sagt er noch zur Erklärung, bevor er sich aus dem Raum schleicht. Wieder sitzen wir. Bis erneut die Türe aufgeht. Ein hochdekorierter Oberst betritt raschen Schrittes den Raum. Die anderen haben richtig Respekt vor ihm, denken wir. Geschäftsmäßig, als sei keine Zeit zu verlieren, wendet er sich sofort uns zu. »Das Carnet de Passage ist in Mali nicht gültig.«, sagt er mit wohlgesetzten Worten. »Wir benötigen ein Laissez de Passage. Das gibt es bei der Außenstelle des Zollamts.« Ein Fahrer fährt uns voraus. An der breiten Straße wuselt es von Menschen. Die Bürgersteige sind vollgestellt mit kleinen Verkaufsständen. Vor allem Kleidung und Glasflaschen mit Benzin für die Motorroller. Auf der Außenstelle des Zolls teilt der Beamte uns mit, dass wir über Melgué hätten fahren müssen. Entweder können wir die siebzig Kilometer nach Melgué fahren, um selbst das Laissez de Passage abzuholen, oder wir bezahlen einen Motorradkurier, der für uns das Dokument abholt. Wir entscheiden uns für den Kurier.

Langsam weicht die Dürre
Die Ziegen und Rinder werden fetter. Ein Zeichen für den Übergang von der Trockensavanne zu grüner Vegetation. Kurz darauf kommen wir an den Senegal-Fluss. Wir steuern am Ufer entlang. Hochgewachsene Frauen waschen in dem schlammigen Wasser ihre Wäsche, daneben tränken Hirten ihr Vieh. Ich sehe zum ersten Mal Mangobäume. Kein Sonnenstrahl fällt durch das saftgrüne, volle Laub. Einmal sehen wir einen Wasserbüffel. An der Anlegestelle der Fähre wimmelt es von Menschen und Eseln in einem fröhlichen Durcheinander. Man schreit, man lacht, man schaut. Einige stehen knietief im Wasser, andere sitzen in Pirogen. Fliegende Händler preisen ihre Waren an.

Die Fähre ist ein einfacher Kahn. Eine ganze Schlange von Fußgängern und eine Handvoll Fahrzeuge finden darauf Platz. Die Überfahrt macht mich aufgeregt. Im positiven Sinne. Ich sehe zu, wie das Ufer zurückweicht. »Ça va, Madame, ça va?« Sie recken ihre Köpfe nach oben, um in unser Auto zu spähen. Es amüsiert sie, was sie sehen. Sie sind jung. Mädchen. Ich beobachte sie. Sie beobachten uns. Sie wollen fotografiert werden. Sie blödeln und ziehen Grimassen. Ich staune, wie wenig sie brauchen, um sich zu amüsieren, eigentlich überhaupt nichts. Beim Anlegen werden keine Leinen ausgeworfen, wie wir es gewohnt sind. Es gibt keine Mole. Die Rampen im Uferschlamm tun's. Jenseits des Senegal-Flusses windet sich die Nationalstraße durch dürre Wälder, die schon bald nicht mehr als tiefe Spuren in roter, sandiger Erde ist.

Es ist nicht alles idyllisch

Der Südwesten von Mali ist kein Paradies auf Erden, aber die Menschen im Busch (natürlich nicht alle gleichermaßen) haben einen Sinn für ein glückliches Heim: Hohe Bäume breiten ihre Wipfel wie Sonnenschirme über die Hütten mit ihren runden Lehmmauern und strohgedeckten Spitzdächern. Der Boden zwischen den Hütten ist gefegt. Aus ein paar entrindeten Hartholzbrettern hat man Möbel gezimmert und rund um die Feuerstelle – auf der die Kessel kochen – platziert. Frauen (Mann hat vier Frauen), Kinder, Cousinen und Cousins, Onkel und Tanten sitzen auf diesen Brettern oder lehnen sich dagegen, als wären es Sofa und Sessel. Einen Großteil ihrer Zeit verbringen sie mit dem Stampfen von Mais und Maniok, dem Rösten und Mahlen von Erdnüssen, dem Kochen von Speisen, dem Flechten ihrer Haare zu dichten Reihen fester kleiner Zöpfen. Dabei haben sie, wie es scheint, immer etwas zu kichern.

Bei nahezu jedem Hüttendorf lehnt irgendwo ein Motorrad und irgendwo ein Solarpanel. Hühner picken auf der Erde herum und Ziegen meckern in Gehegen. Einige Glückliche haben einen eigenen Brunnen am Rand ihrer Hütten. Die Stadt Kita ist im Vergleich hierzu ein kleines Nest. Kaum wieder draußen im Busch, ragt ein Grüppchen riesiger Felsen in den Himmel. Vogelgesang ertönt. Eigenartige Laute, die ich so noch nicht gehört habe. An der Nationalstraße nach Bamako schäbige Ortschaften. Müll, Müll und nochmals Müll. Ziegen streifen ungeniert entlang des Straßenrands und fressen Abfall. Hier und da bleibt ein Fahrzeug mit einer Panne auf der Fahrbahn liegen. Man legt sich einfach an Ort und Stelle darunter. Mehr als einmal weichen wir ein paar Beinen aus, die unter der Karosse auf den Fahrstreifen herausragen.

Auf den Straßen der Hauptstadt

Wir nehmen die Brücke über den mächtigen Niger (am Ufer überraschend wenig Müll) in das Stadtzentrum von Bamako. Das Gedränge ist enorm: marode Kleinbusse, TuckTucks, Luxuskarossen, Schwärme von Motorrollern. Zwischen all dem laufen fliegende Händler herum, Kinder mit schmutzigen Gesichtern und Frauen, deren aufrechter Gang mich wieder einmal überrascht. Ganz gleich, ob sie in den Baobab-Wäldern unterwegs sind, oder hier inmitten von Dreck und Staub der Straße, sie gehen so aufrecht durchs Leben, als wäre es ein Leben ohne Last. Selbst auf dem Motorroller sitzen sie mit bemerkenswert geradem Rücken (als würde es um Haltungsnoten bei den Olympischen Spielen gehen). Manche haben zum Schutz gegen die Abgase und den Staub Mund und Nase verhüllt. Die Geräusche der Stadt dringen unaufhörlich auf uns ein. Doch erstaunlicherweise hören wir kaum eine Autohupe. In der Nähe des Marktes drängt sich alles noch viel dichter, und es kommen noch die Marktfrauen hinzu, die mit ihren Körben voll Obst und Gemüse auf dem Boden sitzen.

Der Niger

Wir nehmen an der Nationalstraße den offiziellen Grenzübergang nach Guinea. Es geht für Afrika erstaunlich gesittet zu. Einzig der Zöllner, der unsere Fahrzeuge nach Drogen durchsucht, macht den Eindruck, als ließe sich mit etwas Schmiergeld die Sache abkürzen. Er durchwühlt jede Staukiste, nimmt den Inhalt von jeder Schublade in Augenschein, liest jeden Medikamentenbeipackzettel, reißt Backpulvertüten auf, wühlt in unserer Schmutzwäsche … am Ende verliert er die Lust am Weitersuchen und öffnet indes den Schlagbaum.

Mein erster Eindruck von Guinea: grässlich viel Müll am Straßenrand; die Cashewnuss als Kulturpflanze auf der Plantage erinnert in Wuchs und Blättern an

Aus Holz gefertigte Pirogen werden schon seit Jahrtausenden zum Transport von Waren und beim Fischfang eingesetzt.

unseren Rhododendron-Strauch; der Ruf des Muezzins hat selten so anmutend schön geklungen wie an diesem Abend, als die Sonne blass und kraftlos in den Cashew-Sträuchern versinkt.
Tags drauf verweilen wir am breiten Ufer des Niger. Einst Ziel legendärer Entdeckungsreisenden, jetzt und hier ein Stück heiteres, unverkrampftes Afrika, das ein bisschen aus der Tradition erwacht. Vergnügte Frauen waschen im trüben Wasser ihre Wäsche: barbusig, bunte Perlen sind in ihr Haar geflochten, Röcke und Tücher leuchten grün, gelb und orange. Irgendwo spielt ein Transistorradio. Ein paar Frauen wiegen im Takt der Musik ihre Hüften. Andere springen mit Handy herum. Sie sind mindestens so verrückt nach Selfies wie ihre westlichen Altersgenossinnen. Auf dem Fluss hinter ihnen gleiten Fischer in Pirogen vorbei – wie einst deren Vorväter.

Rendezvous mit den Ältesten

Und dann sieht mein Mann Michael es wieder – das Flackern von Taschenlampen. Einen Augenblick lang ist nichts, nur die Finsternis der Nacht und das gedämpfte Brüllen der Kühe. Dann kommen die Lichtkegel ganz eindeutig näher. Ein geknickter Zweig. Schritte. Sieben Männer kann Michael ausmachen. Sie bleiben zwischen unseren Fahrzeugen stehen. Einer in Polizeiuniform. Ja, natürlich, denken wir mit einem Gefühl von Déjà-vu und treten hinaus.
»Bonsoir« grüßen wir freundlich. Im Widerschein der Taschenlampen sehen die Gesichter der Männer alt aus. Sie haben Jagdgewehre bei sich. »Gibt es ein Problem?« frage ich lächelnd. Es ist der Polizist, ein noch recht junger Mann, der zu uns spricht. »Ich verstehe nicht, Monsieur«, erkläre ich ihm »wir sind Touristen aus Deutschland. Ich spreche nur schlecht Französisch.« Er wiederholt so geduldig, ohne eine Spur gereizt zu wirken, bis wir allmählich begreifen: Es ist die uralte Angst der Menschheit vor dem Fremden. In der wilden Fantasie der Afrikaner sind wir weiße Dämonen, die sich (in diesen ungeheuerlichen Fahrzeugen – wir sind in einem Unimog unterwegs) auf die Viehweide geschlichen haben,

Auf der Fähre haben nur wenige Fahrzeuge Platz. Der Rest ist voll mit Menschen, die unseren LKW neugierig bestaunen.

Ich fasse mit beiden Händen den Stößel, das Holz ist glatt vom vielen Anfassen, stoße ihn in den Mörser, hebe ihn, lasse ihn fallen – schon nach wenigen Malen erlahmen meine Arme.

um ihre Kühe zu stehlen, und daher sollen wir ins Dorf mitkommen. »No, Monsieur.« sage ich unbeirrt freundlich. Ohne jede Unsicherheit greift er nach seinem Mobiltelefon. Das Gespräch dauert nicht lange und ich ahne es schon, wir sollen mitkommen. Ich bleibe bei meinem Nein. »Non, Monsieur. Wir sind müde.« Daraufhin reicht er mir das Telefon. »Sprechen Sie selbst mit ihm.« »Bonsoir, Monsieur,« grüße ich mit samtener Stimme in das Telefon »wir sind Touristen aus ...« – als wären Götter am Werk, bricht die Verbindung in diesem Moment ab. Der Polizist tut einen Seufzer der Erleichterung (offenbar ist er froh, dass gerade jetzt sein Prepaid-Telefonguthaben erlischt), und dann sagt er völlig unerwartet, morgen früh sollen wir ins Dorf kommen, und sieht mich dabei erwartungsvoll an. »Nun?« Wir nicken unisono. »Ja, Monsieur. Morgen früh!« »Ein Rendezvous«, bekräftigt er augenzwinkernd und schaut dabei pflichtbewusst und jungenhaft zugleich.
Bis eben haben die alten Männer kein einziges Wort gesprochen. Doch jetzt, wie wir ihnen zum Abschied eine gute Nacht wünschen, sagt einer der Männer

Die Erdnüsse werden geröstet, wodurch sie ihr Aroma entfalten, dann geschält und gemahlen.

»Entschuldigen Sie bitte«, und dann verschwinden sie in der Dunkelheit der Nacht.
Treffpunkt am nächsten Morgen ist der große Versammlungssaal. Eine Reihe schwarzer ausdrucksloser Gesichter erwartet uns bereits. Der Häuptling ist prächtig gekleidet, zu seiner Rechten und Linken sitzt der Ältestenrat. Ich kann nicht sagen, ob es die Männer von gestern Nacht sind – für uns sehen sie alle gleich aus. Dem Häuptling gegenüber steht ein kleiner Hocker, auf dem ich Platz nehme (ich spreche

von uns Vieren am besten Französisch). »Wir sind Touristen aus Deutschland« erkläre ich freundlich »unterwegs von Mauretanien über Mali nach Guinea, weiter in Senegal und dann zurück nach Europa.« Meine Worte zeigen keine sichtbare Wirkung. Sein Blick ist so unergründlich, so emotionslos, dass ich einfach lächelnd weiterrede: »Ich bin zum ersten Mal in Guinea … ein sehr schönes Land!« Urplötzlich erstrahlt ein breites Grinsen in seinem Gesicht. Alle scherzen und witzeln minutenlang mit uns und dann räuspert sich der Häuptling. Sofort senkt sich vollkommene Stille herab. Mit dem Selbstvertrauen des geborenen Redners übersetzt er unsere Reiseroute für die Ältesten. Wir sind berührt von der Atmosphäre. Es scheint, als würde er weitschweifig erzählen. Zu gerne wüsste ich, mit welchen Details er unsere Geschichte ausschmückt.

Am Rand des Dschungels

Die Nationalstraße, falls man sie so nennen mag, besteht aus Myriaden von Schlaglöchern. Wir rumpeln dahin. Die Landschaft ist eher flach und monoton. Stundenlang nichts als staubige Ebenen, dürre Wälder und armselige Ortschaften. Dazu die Hitze.
An diesem Tag – es ist der dritte – sieht es so aus, als kämen wir ins Hochland mit seinen dreißig bis hundert Metern tiefen Schluchten. Verlockt von der Aussicht, uns im Schatten auszuruhen, vielleicht ins kühle Wasser einzutauchen, fällt uns das Autofahren leichter. Die löchrige Nationalstraße haben wir länger schon verlassen. Am Weg stehen nun Farne, Bambus, Palmen und andere Urwaldpflanzen. Baumstümpfe sind von Schlingpflanzen überwuchert. In den Hüttendörfern herrscht eine heitere Ruhe.
Wenig später halten uns junge Burschen an einer Straßensperre auf. Was hat das zu bedeuten? Wir steigen aus und sprechen mit ihnen. Ihr Ton ist streitlustig, aber nicht bösartig. Mangels fehlender gemeinsamer Sprache verstehen wir nicht viel. Es geht um Politik und soll zwei Tage andauern.
Wir versuchen die Gemüter zu besänftigen und bitten um Durchlass. Der eine und andere scheint uns durchaus willens, doch die Aufwiegler bleiben beharrlich, woraufhin sie untereinander streiten, teils hitzig und mit Fäusten. Nach etwa einer Viertelstunde lassen sie uns fahren.
Am anderen Ende der Ortschaft erneut eine Straßenbarriere. Wieder steigen wir aus, wieder zeigen wir Verständnis für ihre Lage, und wieder lassen sie sich mit etwas Geduld unsererseits überzeugen, so dass wir weiterfahren dürfen. Mein Mann sieht im Außenspiegel, wie ein paar Aufwiegler uns Steine hinterherwerfen (zum Glück trifft keiner). Andere schreien unverständliches Zeug. Ich merke, wie ich bei der Weiterfahrt die Menschen anders anschaue. Vor allem die jungen Männer. Nicht mehr so unvoreinge-

nommen. Es schwingt etwas Misstrauen mit. Kurz darauf kommen wir tatsächlich an eine Schlucht. Das herrliche Plätschern von Wasser, das auch in der Trockenzeit nicht versiegt. Wir steigen den beinahe zugewachsenen Pfad bachaufwärts. Riesige Blätter hängen über den Weg. Zwischen den Zweigen der Bäume surren die Moskitos. Oben angekommen, haut uns diese gewaltige rotbraune Felswand um, über die donnernd Wasser schießt. Ich setze mich auf einen der rundgeschliffenen Felsen und blicke über die funkelnde Wasseroberfläche. Da entdecke ich die vier jungen Männer, die sich uns am Eingang der Schlucht als Führer angeboten haben, wir aber ablehnten. Alleinsein in Afrika, denke ich, ist schier unmöglich. Vermutlich kennen die Afrikaner – die keinen eigenen Bereich in der Hütte kennengelernt haben – unser Bedürfnis nach Privatsphäre, unseren Wunsch nach Rückzug nicht.

Am nächsten Tag, als wir wieder auf eine Straßensperre stoßen, hat Michael es satt und steigt nicht aus. Burkhard, Sabine und ich sprechen mit ihnen. Es sind mehr Aufständische als bei den Sperren am Vortag, auch sind sie lauter und wütender. Plötzlich brüllt Michael zornig. Wir drehen uns zu ihm um. Ein wild dreinschauender Bursche hat einen Fuß auf der Einstiegsstufe, reißt die Fahrertür auf. »Das ist kein Foto!«, schreit Michael jetzt rasend vor Wut (bei seinem Tonfall läuft mir ein Schauer über den Rücken), und im nächsten Augenblick zieht der Bursche mit einer raschen Bewegung eine Machete. Es sind die Älteren, die vielleicht an der Schärfe von Michaels Tonfall die Situation schon vorhergesehen haben und sofort beschwichtigen. Der Bursche steckt die Machete weg. Wenig später dürfen wir fahren. Die vergangenen Minuten haben gezeigt, wie schnell die Stimmung kippen kann: Eine falsche Geste, eine missverstandene Bewegung – mein Mann hat nicht fotografiert, sondern im Navigationssystem nach einer Umfahrung geschaut. Dennoch entscheiden wir uns auf Nebenstraßen weiterzufahren.

Wie das Gebrüll von hungrigen Löwen

Wir stehen an einer Stelle, wo ein Bächlein uns den Weg versperrt. Bräunliches Wasser, das kaum zu fließen scheint. Die Brücke, so eine einfache afrikanische Holzkonstruktion, ist ein hübsches Fotomotiv. In der Stille ertönt das Brummen eines herannahenden Motorrads. »Nur zu, fotografieren Sie«, antwortet der sympathische junge Motorradfahrer auf unsere Frage nach einem Foto mit ihm auf der Brücke. Wir sprechen ihn auf die Unruhen an. »Dem Präsidenten sind wir doch völlig egal,« sagt er mit in diesen Tagen ungewöhnlich ruhiger Stimme »der alte Mann will nur eins: die Änderung der Verfassung, um eine weitere, seine dritte Amtsperiode regieren zu können.« Bevor er Gas gibt, teilt er uns noch mit, dass in der Stadt Labe wegen den Straßensperren kein Durchkommen sei. Auch morgen nicht.

Nach Labe wollen wir heute nicht. Unser Ziel ist ein nahegelegener Wasserfall, den wir ohne weitere Straßensperre erreichen. Wir haben Glück. Die Schlucht ist nicht so steil, wie es aus der Höhe aussah, und wir kommen mit den Fahrzeugen hinab ans Wasser. Jetzt, nach der langen Trockenzeit, ist der Wasserstand flach, und wir können mitten im Flussbett auf einer ausgedehnten Felsplatte campieren. Ein willkommener Fleck, um im Schatten der Schlucht zu rasten. Auch den folgenden Tag verbringen wir hier, und als wir am Tag drauf aufbrechen, hege ich die Hoffnung (mein Mann Michael ist skeptischer), dass die Unruhen vorüber sind, wir ungehindert die Stadt Labe passieren können. Wir fahren Dutzende Kilometer auf Buschpisten durch eine offene, liebliche Landschaft.

Vor uns ragen am ewig dunstigen Himmel die Urwaldberge blass und kraftlos auf. Dann biegen wir in die Nationalstraße Richtung Labe ein, die schreiend leer ist. Kein Fahrzeug. Nirgends. An einer verschlossenen Tankstelle kurz vor Labe fragen wir nach Sprit. Der Tankwart schließt für uns

Unser Lager im Hochland von Guinea schlagen wir direkt am Flußufer auf.

auf und macht uns unmissverständlich klar, nicht in die Stadt Labe zu fahren.

Wir ratschlagen. Michael ist dafür Labe zu umfahren und das Land zu verlassen – nicht aus Angst, aber aus Vernunft. »Weil es idiotisch ist«, sagt er, »zu warten, bis womöglich die Unruhen sich verschärfen.« So heuern wir zwei Motorradfahrer an, die uns auf Schleichwegen vorausfahren. Wir folgen ihnen. In einem abgelegenen Waldstück, drei Sperren dicht hintereinander, junge zornige Kerle mit wutverzerrten Gesichtern, ihre Schreie hallen im Halbdunkel des Waldes wie das bedrohliche Gebrüll von hungrigen Löwen. Unsere Motorradfahrer bieten Geld, es bleibt ihnen nichts anderes übrig. Auf halbem Weg, die nächste Sperre in Sichtweite, kennen sie sich nicht mehr aus und helfen uns, zwei andere Motorradfahrer als Begleiter anzuheuern.

An der nächsten Sperre angekommen, wollen unsere Begleiter nicht, dass wir aussteigen. Sie verhandeln, bieten Geld, werden laut, nichts hilft. Ich sitze auf dem Beifahrersitz, untätig wie ein Kinobesucher, die Windschutzscheibe die Leinwand, auf der ein roher, nicht enden wollender Streit tobt: brennende Autoreifen, aufgeputschte Männer, deren Augen gefährlich funkeln, manche fuchteln mit Messern, andere schleudern Steine. Die Unschärfen dieser Leinwand, auf der ich doch nur eine Momentaufnahme, ein paar Splitterchen zu sehen bekomme … doch dann dürfen wir tatsächlich noch fahren.

Nun können wir aufatmen. Labe liegt hinter uns, und von hier führt eine Buschpiste an die Landesgrenze. Das Licht der Abendsonne liegt bernsteingelb auf dem verdorrten Gras, das übermannshoch wird. Auf einer kleinen steinigen Erhebung sehen wir einen Weißen. Wie viele Wochen ist es her, dass wir einen anderen Weißen gesehen haben? Leo heißt er. Jung ist er und, wie er uns später berichten wird, seit siebzehn Monaten als Mathematiklehrer für die amerikanische Hilfsorganisation Peace Corps hier im Land tätig. Er führt uns zu der kleinen angrenzenden Siedlung, sein Heimatdorf

Die Wasserfälle in Guinea bieten auch aus der Luft ein beeindruckendes Schauspiel.

während seiner Auslandstätigkeit. Sein Herbergsvater, wie er ihn nennt, ist der Chief von zweitausend Menschen, ein besonnener, würdevoller Mann in einem golddurchwirkten Kaftan, der uns wie eigene Kinder für die Nacht aufnimmt. Es vergeht keine halbe Stunde, da dampft auf dem Tisch vor uns ein Topf Reis mit Rindfleisch.

Leo erzählt von seiner Lehrertätigkeit, von zu großen Klassen, den Schwierigkeiten der Schulkinder, dem Unterricht auf Französisch zu folgen, und von den Auswirkungen der Unruhen. Peace Corps hat die zweithöchste Sicherheitsstufe ausgerufen. Er darf seit zehn Tagen das Dorf nicht mehr verlassen, auch nicht, um in seiner gerade mal zwei Kilometer entfernten Schule zu unterrichten. Die Region Labe, so sagt er, ist eine Hochburg der konservativen Opposition, daher sind hier – nach der Hauptstadt Conakry – die schlimmsten Ausschreitungen.

Dem Dorf geht es vergleichsweise gut: Häuser aus Ziegelsteinen, Strom und fließend Wasser. Es ist ein konservatives Dorf, die Frauen sind ausnahmslos muslimisch verschleiert, und jetzt am Abend strömen die Männer vereint zum Gebet in die Moschee. Ein friedliches, verschlafenes Dorf ist es, fast schon unwirklich auf diesem Erdteil. Geborgen wie in einem Nest falle ich in einen tiefen Schlaf.

Ein Wirbel von Farben

Am nächsten Morgen serviert uns Leo zum Frühstück die neusten Nachrichten. »Es wurde eine Waffenpause fürs Wochenende ausgehandelt«, sagt er und setzt sich zu uns an den Tisch. Heute ist Samstag. Das ist Musik für unsere Ohren.

Nun sitze ich auf dem Beifahrersitz. Am herabgelassenen Fenster spielt der Wind in meinem Haar, meine Füße liegen entspannt auf dem Armaturenbrett. Eine Affenbande pflügt vergnügt durch die Prärie. Aber da vorne zwischen den Bäumen, was ist das? Dort hängt Rauch über dem Boden, und ein Baumstamm versperrt den Weg. Unser erster Gedanke ist: Der Beschluss über die Waffenpause ist noch nicht in diesen hintersten Winkel des Landes vorgedrungen. Doch dann, als wir näherkommen, sehen wir, dass die Straßensperre verwaist ist und wir um den Baumstamm herumfahren können. Auf den nächsten Kilometern passieren wir noch manch verwaiste Straßensperre. Die vergangenen Tage waren eine Achterbahn der Gefühle. Hell und Dunkel. Geheimnisvoll und nervtötend. Traumschön und müllüberflutet. Friedfertig und gewaltbereit. Manchmal waren diese Gegensätze nur ein paar Kilometer oder Minuten voneinander entfernt.

Es kommt Leben am Wegrand auf. Frauen, die mit ihren Lasten auf dem Kopf zum Markt schreiten. Es scheint mir an diesem Vormittag so, als sähe ich die fröhlichsten Kleiderfarben. Mit jeder Biegung werden es mehr Marktfrauen. Ein Wirbel von Farben und Frohsinn. Ich höre ihr Gelächter. Ich spüre das herrlich heitere Afrika, wie es auf mich überschwappt, wie es mich einnimmt.

Die Piste windet sich durch Hügelland und will nicht enden. Wir rumpeln über ausgetrocknete Wasserlöcher, Felsrippen und große lose Steine. Für die knapp hundert Kilometer an die grüne Grenze brauchen wir drei Tage. Die Zöllner sitzen in einer Strohhütte beim Schachspiel. Man lacht, man hat Muse. Es hat den Anschein, als sei die Zeit hier irgendwann stehen geblieben.

Eine Hitze wie noch nie

Ein jäher Abhang. Vor uns liegt die letzte Wegstrecke die uns aus jenem hügeligen Hinterland herausführt, das sich von Guinea bis in den Senegal erstreckt. Mein Mann Michael manövriert den Unimog im kleinsten Gang der Geländeuntersetzung über die schmale Piste. Steine knacken überlaut unter den Reifen. Langsam weicht der Busch.

> Steine knacken überlaut unter den Reifen

Eine Stunde später warten wir in einem kahlen Raum auf den Einreisestempel. Der fesche Gendarm steht an einem Holztisch – einen Stuhl gibt es nicht – und dokumentiert fein säuberlich unsere Daten in ein dickes Buch. Er trägt eine kobaltblaue Uniform, gewienerte Stiefel und am Halfter einen gespannten Revolver, an seinem Ringfinger blitzt ein Goldring. Seine Haltung drückt Stolz aus. So wie Goldschmuck auf schwarzer Haut besonders schön funkelt, so erscheint in diesen Ländern die Uniform in einem anderen Licht. Wenn du in Afrika eine Uniform trägst, dann bist du was. Du beziehst einen Sold, du hast ein Dach über dem Kopf, du stichst hervor aus dem Heer der Habenichtse.

Nun trennen sich die Wege. Michael und mich zieht es gen Westen an die Küste und Sabine und Burkhard nach Osten. Sie sind uns lange schon gute Freunde, und als erfahrene Afrika-Reisende haben sie mir ein besonders kostbares Geschenk ge-

Ein junger Motorradfahrer posiert auf der einfachen Holzbrücke gerne für unser Foto.

Auch an den Pisten Guineas sind die riesigen Baobabs zu finden.

macht: das noch unverfälschte schwarze Afrika mit eigenen Augen zu sehen. Ein Stück Afrika, das mich auf eine neue, wundersame Weise überrascht: der Übergang von der Wüste zu grüner Vegetation, der Affenbrotbaum, Pirogen auf dem Niger, barbusige Frauen, Urwaldberge, tiefe Schluchten, Krokodile, Wasserbüffel und Affenbanden. Ich hörte das Echo der Trommeln in der Nacht, man erzählte uns von dem Raunen der Geister im Gras. Wir spürten den Gluthauch der Sahel. Unter unseren Füßen brannte der Sand. Und jetzt, zum Abschied, umarmen wir uns lange und fest.

Im Senegal ist die Infrastruktur längst nicht so rückständig wie im benachbarten Mali und in Guinea. Wir rollen über tadellosen Asphalt. Rechts und links der Schnellstraße erstreckt sich eine eintönige Trockensavanne mit krachdürren Gräsern. Natürlich wussten wir, dass Westafrika nicht nur eitel Sonnenschein und gemütliches Reisen sein würde. Was uns Mühe macht, wir sind nie allein. Kaum kommen wir in ein Dorf, schon werden wir von einer Schar ungezügelter Kinder umringt. Wir passieren die Bezirkshauptstadt Touba. Der Straßengraben ist übersät mit Abfallhaufen, der Verkehr dröhnt, Heerscharen von Fußgängern laufen kreuz und quer, Eselkarren und Pferdekutschen bahnen sich ihren Weg durch das Gedränge. Hinter der Freitagsmoschee gehe ich auf dem Markt einkaufen – es ist, als hätte jemand den Lautsprecherregler aufgedreht. Das Gefeilsche und Gezänk, das Schreien und Gestikulieren, alles ist heftiger, wilder, lauter. Verschiedenste Gerüche steigen mir in die Nase. Schwärme von Fliegen krabbeln auf frischgeschlachtetem Fleisch herum. Bettelnde Buben verfolgen mich. Ich kaufe das nötigste an Gemüse und gehe zurück zum Fahrzeug. Später schlagen wir etliche Kilometer von der Straße entfernt unser Lager für die Nacht auf, und schon tauchen wie aus dem Nichts ein paar Neugierige auf, schauen uns unverwandt an und ziehen irgendwann von dannen. Ein Tag, der uns die Kräfte aus dem Leib saugt. Obendrein traktieren uns Moskitos.

Die Küste bringt keine Abkühlung. Es ist heiß wie noch nie zu dieser Jahreszeit. Die Gassen von Saint-Louis sind ohne Menschen. Die Afrikaner machen Siesta – das ist etwa alles, was ich in dieser zähen, schweren Tropenluft denken kann. Vom einstigen Glanz der Kolonialzeit ist nicht viel zu sehen: bröckelnder Putz, abblätternde Farbe, ein wenig afrikanische Kunst. Später, als wir ein Restaurant suchen, entdecken wir eine Art Wellness-Tempel. Neben allerlei Massagen lesen wir auf der Werbetafel »Finnische Sauna«. Geradezu verrückt, auch nur eine solche Idee zu haben.

Campingplätze sind eine echte Rarität in Westafrika. Auf unserer Route gab es ganze zwei, einen in Mali und einen direkt an der Mündung des Senegal-Flusses in den Atlantik, die von Schweizern geführte Zebrabar. Hier machen wir nichts außer unsere Füße hochzulegen und abends ins Freiluft-Restaurant zu gehen. Vögel flattern im Schilf und über dem Wasser tanzen Mücken.

Riesige Vogelschwärme zaubern schwirrende Figuren in den unendlichen Abendhimmel. Laut Reiseführer finden europäische Zugvögel an Senegals Küste gute Nistplätze vor. Wenn die Zeit gekommen ist, ziehen sie wieder zurück in den Norden. Bei dem Gedanken an Aufbruch und Rückkehr spüre ich unwillkürlich ein leises Bedauern.

Vom Glück, in der Wüste zu sein

Die Rückreise, ohne noch einmal in die Wüste einzukehren, undenkbar. Vor uns türmen sich die Sanddünen des Erg Chegaga. Bis zu hundert Meter hoch. Keine Spur ist vorgegeben.

Michael gibt kräftig aber dosiert Gas, um mit Schwung in die Steigung der Dünen hineinzufahren. Mit kundigem Blick findet er einen Weg, der uns um oder über die nächste Sanddüne bringt. Inmitten der Sandwüste kampieren wir auf einer der besonders hohen Dünen.

Unter dem weiten Himmel spielen satte Erdfarben mit leichten Pastelltönen, scharfe Schattenrisse mit weichen Rundungen. Ein Ort vollendeter Harmonie, zeitloser Ruhe. Wir spüren den Wind im Gesicht, den glutheißen Sand unter unseren Füßen. Ich bin näher dem Fühlen als dem Denken. Wir frönen dem Hier und Jetzt. Diesem Gefühl der Leere. Dass einfach niemand da ist, ganz gleich, wohin wir schauen. Ich liebe verschlenderte Zeit, noch dazu in der Wüste, und ist uns doch mal nach Action, radeln wir auf dem E-Bike einfach drauflos, ziellos, immer da lang, wo es interessant aussieht. Die Wüste ist so etwas wie mein Schrein, meine Muse. Mein Ruhestifter.

> Satte Erdfarben spielen mit leichten Pastelltönen

Literatur & Karten

Pistenkuh GPS Offroad Tourenbuch Mauretanien
Pistenkuh GPS Offroad Tourenbuch Marokko

Nach mehreren tausenden Kilometer holprige Wege im Unimog radeln wir menschenseelenallein über sanft wogende Dünen.

Diesmal haben die beiden Weltenbummler Julia und Benno ihre Heimat in Bayern für einen Kurzausflug in die einsame Bergwelt Albaniens verlassen. Ein faszinierendes Land, das für Offroad-Reisende wie gemacht ist.

Text & Fotos: **Julia Wieser**

In den Bergen des Balkans

START

Fahrzeug

Toyota Land Cruiser HZJ 78 mit höherem Fahrwerk, größeren Rädern, Seilwinde, Klappdach mit Bett, 270-Grad-Markise und Innenausbau mit Küchenblock, Sitzgelegenheit und Stautaschen an Kederschienen.

Der Nationalpark Theth erstreckt sich rund um den gleichnamigen Ort. Von den Häusern sind nur noch wenige ganzjährig bewohnt.

Nur einen Katzensprung entfernt von den populären Stränden Kroatiens und der VIP-Insel Sveti Stefan liegt ein Land, das noch immer eine Nebenrolle im Tourismus spielt. Jahrzehnte abgeschottet durch ein kommunistisches Regime, kämpft das Land auch heute noch mit Armut und Abgeschiedenheit. Das überfüllte Dubrovnik haben wir gerade hinter uns gelassen, das Hochgebirge der Sinjajevina durchquert. Und weil türkisfarbenes Meer, raue Gebirgsketten und unsere Neugier ihr Ende nicht abrupt an der Landesgrenze finden, passieren wir an einem frühen Herbsttag die Grenzlinie. Hallo Albanien.

Wir hatten von einem abgelegenen Fleck gehört, einem echten Geheimtipp für Wanderer: Theth. Ein Dorf mitten in den albanischen Alpen, dessen graue Steinhäuser über mehrere Kilometer im Tal verstreut liegen. Eine schmale Straße führt von Shkodra ins Hinterland zu einem Parkplatz, der den Endpunkt für geländeunfreundliche Fahrzeuge markiert. Von hier windet sich eine Schotterpiste weiter durch den Herbstwald, duckt sich unter schroffen Überhängen hindurch und krümmt sich um messerscharfe Serpentinen. Vollgepackt mit Touristen zwängen sich Kleinbusse zentimeternah an uns vorbei oder bis an die Decke mit Menschen und Lebensmitteln über-

Albanien

Der Weg nach Theth führt durch eine tiefe Schlucht.

quellende Autos. Die letzten Meter führen durch den groben Kies eines Flussbettes, in welchem stellenweise letztes Schmelzwasser dümpelt. Am Ortseingang durchstöbern Kühe einen überfüllten Müllcontainer. Theth ist so weitläufig, dass der herbstliche Wandertourismus irgendwo im Nichts verschwunden zu sein scheint. Wir quartieren uns am Rande des Ortes im Guesthouse von Alvaro ein. Obwohl seine Frau und Kinder in Tirana leben und ihn nur gelegentlich an den Wochenenden besuchen, verlässt er den abgeschiedenen Ort selten. Sobald Schnee fällt, ist Theth monatelang von der Außenwelt abgeschnitten. Alvaro liebt es, seine Gäste zu verwöhnen und mästet uns mit nicht zu schaffenden Mengen an Ofenkartoffeln, Fleisch, Gemüseeintopf und Nudelfrittata. Sein selbstgebrannter Raki soll helfen, das Verdrückte verdauen zu können. Damit er auch wirklich hilft, schenkt Alvaro häufig nach.

Uns drängt die Zeit weiter. Aus dem Tal heraus nehmen wir die einsamere und steinigere Alternativroute. Wir tasten uns über Felsbrocken, erklimmen Anfahrten mit losem Geröll, hangeln uns am Fluss entlang, wagen Blicke in tiefe Abgründe, studieren tragische Geschichten auf Gedenktafeln. Einheimische schreckt der Straßenzustand nicht. Wer muss, quält sein Auto erbarmungslos zu seinem Wunschziel. Meist ist es ein Mercedes, und der hat fast immer völlig ramponierte Stoßdämpfer. Der Herbst hat Teile des Laubwaldes in leuchtendes Gelb und feuriges Orange gefärbt, dazwischen letztes, knackiges Grün. Alte Eisen- und Holzbrücken führen zu eingefallenen Häusern und, wenn die Planken nicht zu morsch sind, in noch abgelegenere Winkel.

Einheimische schreckt der Straßenzustand nicht

Entschleunigt von der meditativen Stimmung der albanischen Bergwelt und der unverfälschten Natur landen wir im verstopften Tirana. In einer Blechwelle eingeklemmt rollen wir auf einen Kreisverkehr zu, quetschen uns zwischen die Automassen, beteiligen uns an dem existentiellen Hupkonzert, wagen es weiterzurollen und landen unerwartet schrammenlos auf einer Nebenstraße. Wir entscheiden, Tirana schnellstens wieder zu verlassen. Weil sich fremde Kulturen aber besonders in Städten so hautnah erleben lassen, hoffen wir auf das knapp hundert Kilometer entfernte Berat. Die Stadt ist eine aus-

Kühe suchen zwischen dem Müll nach Fressbarem.

gesprochen schöne und zudem auf unsere Gemütslage viel besser passende Alternative. Sie wurde als Befestigungsanlage an einer strategischen Engstelle des Flusses Osum auf einem Hügel erbaut. An der höchsten Stelle thront die Burg, darunter klammern sich dicht gedrängt weiße Häuschen, etliche Kirchen und Moscheen an den Hang. Die Stadt wurde 2008 von der UNESCO zum Weltkulturerbe ernannt.
Wir schlendern über das grobe Steinpflaster der Altstadt und kosten himmlische Leckereien und obligatorischen Raki in einem urigen Lokal. Danach streifen wir durch die Neustadt, über der ein Hauch Kommunismus liegt, über eine leergefegte Promenade, vorbei an verwaisten Läden und ungefüllten Restaurants. In einem winzigen Kaffeeladen mahlt uns ein greiser Mann im schwarzen Anzug mit schiefer Kappe auf dem Kopf kleine Tütchen frischen Kaffee. Den besten der letzten Tage.

Über alte Teerstraßen fahren wir vorbei an Bushäuschen mit längst zerbrochenen Glasscheiben und an einem Fluss, an dessen Uferböschung Müllfetzen an Pflanzen gekrallt im Wind flattern.
Wir blicken durch die Verstrebungen einer rostigen Eisenbrücke auf das türkisfarbene Wasser des Osum-Canyon und von halb weggerutschten Sandpisten in karge Berglandschaften. Hin und wieder belagert eine Ziegenherde die Straße, sticht die harte Kontur eines kommunistischen Monumentes aus der Zeit Enver Hoxhas aus der mediterranen Vegetation oder die brüchigen Überbleibsel einer der etwa

Viele Brücken wirken abenteuerlich, ...

Der Ort Berat am Osum-Fluss schmiegt sich eng an den Hang.

200.000 verbliebenen Bunker. Auf der Landstraße südlich von Tepelena finden wir wirklich dieses Holzschild. Ein Wegweiser, der eine Verbindung nach Kuç anzeigt, und damit eine Abkürzung zum Meer. Diese Strecke führt jedoch mitten durch ein Flussbett, ist auf kaum einer Karte zu finden und ausschließlich mit geländegängigen Fahrzeugen befahrbar. Der lose Schotter und die rund geschliffenen Kiesel des Bettes werden von hohen, wild bewachsenen Hängen

... halten aber zum Glück.

Die Osum-Schlucht ist 13 Kilometer lang. Der Fluss hat sich bis zu 80 Meter tief in den Fels gegraben.

umklammert. In völliger Abgeschiedenheit fahren wir an verlassenen Lagerfeuerstellen vorbei, durchqueren trotz der Trockenheit im Flussbett etliche Wasserfurten, wagen uns über morsche Planken, um einen Graben zu überwinden. Gegenverkehr bleibt dieses Mal aus.

Dann sind wir endlich am Meer. Den langen Strand von Borsh, der mit groben Steinen in glasklarem Wasser mündet, haben wir zu dieser Jahreszeit für uns alleine. Die Steine schmerzen unter meinen Füßen als ich zum Wasser tapse. Es ist kristallklar, wellenlos und trotz der späten Jahreszeit auch für meine Empfindung sommerlich warm. Wir würden hier gerne stehen bleiben und campen, den Sonnenuntergang beobachten und den Ausblick dieser Bucht genießen – gäbe es da nicht dieses Problem: Albaniens Umgang mit Müll. Der Müll wird dort entsorgt, wo man gerade gepicknickt hat, wo es gerade praktisch ist, wo er gerade nervt – eigentlich überall. Albanien wird einiges aufzuholen haben.

Die Küstenstraße Richtung Vlora schlängelt sich an versteckten Buchten vorbei, an Steinhängen

Albanien

Auf den Höhenzügen der Bergketten hat man einen atemberaubenden Blick. Beim Fahren sollte man sich aber auf die schmalen Pisten konzentrieren.

Die Furt ist zum Glück nicht tief.

Lapidare (links) sind abstrakte Monumente aus der Zeit der Sozialistischen Volksrepublik. Heute gibt es davon noch knapp 700. Straßenschilder werden gerne als Zielscheibe genutzt.

entlang und zwischen den verblassten, brüchigen Fassaden verschlafener Ortschaften hindurch. Wäscheleinen an den Fenstern sind fast die einzigen Zeugen, dass die Häuser tatsächlich bewohnt sind. Hier bellt ein Hund am Straßenrand, da huscht eine alte Frau mit umgebundenem Kopftuch durch ihre Haustüre. Doch ab und an wurde bereits ein Haus renoviert und strahlt im neuen Glanz mit dem Gesicht voraus auf das Meer hinaus. Sollte eines Tages ein Prinz vorbeikommen und die Küste wachküssen – der Charme und die Schönheit wären kaum zu überbieten.

Tipps

Siehe im Kapitel »In den Schluchten der schwarzen Berge« S. 130.

Dass keine Offroad-Reise in ein Land der anderen gleicht, beweist die Albanien-Reisegeschichte von Dorothee Schumacher und ihrem Mann Wolfgang Grob. Auch sie sind – wie Julia und Benno Wieser – nach Albanien aufgebrochen und haben die Reise um ein paar Bootstouren auf dem Wasser ergänzt.

Text: **Wolfgang Grob**
Fotos: **Dorothee Schumacher und Albanienteam**

Unterwegs mit Geländewagen und Kajak

In den Schluchten der schwarzen Berge

MONTENEGRO
Theth
KOSOVO
Shkodra
Kukes
Arras
MAZEDONIEN
Tirana
ALBANIEN
Vlora – Fähre nach Italien

START

Fahrzeug

Land Rover Defender 110 mit Unterfahrschutzplatten, 270°-Foxwing-Markise, abklappbaren Sandblechen als Basis für die Außenküche & Schlafhubdach mit seitlich abklappbarem Zölzer-Sherpa-Kajakträger. Innenausbau mit Sitzgruppe, Kühltruhe und Schrank mit Staufächern.

Der mäandernde Zufluss zum Skadarsko Jezero.

Wilde, unzugängliche, naturbelassene Landschaften mit tiefen Schluchten kennzeichnen den Balkan, den südöstlichen Teil Europas. Der Blick auf den Zufluss des Sees Skadarsko Jezero mit seinem grünen Wasserpflanzenteppich, umringt von karstigen Bergrücken, erscheint uns unwirklich. Eine Landschaft wie in Tolkiens Herr der Ringe. Mit seinen 50 Inseln wirkt der Skadarsko Jezero eher wie eine unübersichtliche Flusslandschaft, und doch soll dieser See, der Montenegro, das Land der schwarzen Berge, von Albanien trennt, der größte See des Balkans sein. Von Murici aus wollen wir ihn mit dem Faltboot erkunden.

Am frühen Morgen bauen wir unseren russischen Lagoda-Faltbootzweier auf und paddeln zu einigen der im See liegenden Inseln. Auf vielen dieser Inseln befinden sich Klosteranlagen. Zur Zeit der Balkankriege bildeten sich dort »Bastionen des Glaubens an eine bessere Welt«. Auf unserer Kanutour umrunden wir zunächst das Nonnenkloster, später das Mönchkloster. Während unser »Russe« lautlos die Wasseroberfläche zerschneidet, genießen wir die Farbenpracht der Wasserpflanzen und die glitzernde Wasseroberfläche des Sees. Als der Glockenturm die Mönche zum Gebet ruft, taucht eine Wasserschlange vor unserem Bug auf. Allerdings ist sie ebenso schnell wieder verschwunden, wie sie aufgetaucht ist. In der Ferne liegt das durch einen vorgelagerten Schilfgürtel verdeckte albanische Ufer und im Dunst eine verlassene heruntergekommene Gefängnisinsel.

Albanien & Montenegro

Ein Mönchskloster direkt am See.

Der Skadarsko Jezero oder auch Skutarisee, ist der größte See der Balkanhalbinsel und neben dem Gardasee der größte See Südeuropas.

Landys übernachten, ist gerade mit Hilfe seiner Bediensteten damit beschäftigt, die Verriegelung der schweren metallischen Tür abzuflexen, um die eingeschlossene Insassin aus ihrem Verließ zu befreien. Die Inhaftierte ist meine Frau … Brecheisen, Hammer und Meißel zeigten bisher keinen Erfolg. Die Tür hielt bis zum Einsatz der Flex stand. Als die Tür fällt, erscheint die Eingesperrte im Taschenlampenlicht. Blass und leicht verärgert stellt sie mir die Frage: »Wo warst du? Hast Du mich denn nicht schon früher vermisst?«

An die Gefängnisinsel musste ich unwillkürlich denken, als ich später die an das Restaurant angeschlossene Toilettenanlage besuchte. Die massiven Stahltüren sind doch sehr ungewöhnlich für so ein »stilles Örtchen«. Uns kommt der Gedanke, dass diese Metalltüren von der verlassenen Gefängnisinsel stammen könnten. Am Abend verfestigt sich unser Verdacht. Im Hochdach, schon im Schlafsack, macht mich das Team des anderen Landys darauf aufmerksam, dass ich nach meiner Frau schauen solle. Als ich Doro zur Hilfe eilen will, sprüht ein Glühfunkenregen in den Nachthimmel. Allerdings stammen die Funken nicht von »Zauberer Gandalfs Zauberstab« aus Mittelerde, sondern von einem modernen Trennschleifer. Das Familienoberhaupt des Strandrestaurants, hinter dem wir mit unseren

Vom Skadarsee über Tirana zur Schlucht des Schwarzen Drins

In Sukobin erreichen wir unser eigentliches Ziel: die albanische Grenze. Wir stehen erwartungsvoll in einem langen Stau vor der Zollabfertigung, umringt von Autos mit deutschen Kennzeichen. Albanische Gastarbeiter im Urlaub sind auf dem Weg in die Heimat. Bisher kennen wir Albanien allenfalls aus den Büchern des Abenteuerschriftstellers Karl May, des sächsischen »Balkan-Experten«, der niemals dort war und doch unser Albanien-Bild geprägt hat. Da sind wir einst in unserer Fantasie durch das Land der Skipetaren gezogen und erinnern uns bis heute an jene im Buch beschriebenen tiefen, furchterregenden Schluchten. Im Gedächtnis geblieben sind dabei auch die zwielichtigen Schurken mit dunklen

Der Wasserpflanzenteppich ist riesig.

Bärten, die wilden Mordgesellen mit ihren krummen Dolchen und die tollkühnen Verfolgungsjagden zu Pferd über schroffe Berge und felsige Abhänge. Wir ernteten vor unserer ersten Reise mit dem Ziel Albanien sogar besorgte Blicke von unseren Kindern. Tatsächlich trafen wir in Albanien aber immer auf nette, an unserer Reise und an unser Heimatland interessierte Menschen, bei denen wir sehr viel Gastfreundlichkeit genossen. Wer sich heute dort hinwagt, begegnet nicht mehr den finsteren Figuren Karl Mays.

Da im Inland nur wenige Campingplätze auf unserer Route liegen, haben wir eine eigene Strategie entwickelt: Am späten Nachmittag halten wir Ausschau nach einem Restaurant oder einem Gehöft, wo sich die Möglichkeit zur Übernachtung auf einem ruhigen und sicheren Stellplatz für die Nacht bietet. Während unserer Reise haben wir damit niemals schlechte Erfahrung gemacht und schliefen im Schutz der Gastfreundschaft hervorragend. Oft übernachteten wir sogar hinter dem Restaurant am Ufer eines Flusses. In der Regel endete der Abend dann noch mit einem reichhaltigen und leckeren Essen auf der Außenterrasse des Restaurants. Nirgendwo dürfen wir für

Mit dem Faltboot fahren wir immer am Ufer entlang.

Auch das Nonnenkloster hat einen schönen Platz.

Unser Nachtlager direkt am Flussufer.

die Übernachtung bezahlen. Wenn wir uns über das Essen hinaus für die Übernachtungsmöglichkeit erkenntlich zeigen wollen, wird dies abgelehnt oder wir erhalten ein Geschenk von den Gastgebern in Retour zurück. Als wir dem Sohn eines Übernachtungsrestaurants ein paar Süßigkeiten in die Hand drücken, kommt er kurze Zeit später mit Wasserflaschen als Geschenk zurück. Ich weiß mir nicht anders zu helfen, als ihn als kleines Dankeschön kurzerhand auf den Beifahrersitz des Landys zu setzen und ihn zu einer kurzen Geländespritztour einzuladen.

Tage später nach der »Befreiungsaktion« und einer kurzen Zwischenstation in der Hauptstadt Tirana befinden wir uns auf der schmalen Bergstraße hoch über der Schlucht des Schwarzen Drin. Einem abgelegenen Landstrich Albaniens, in dem noch vor wenigen Jahrzehnten die berüchtigte Blutrache ganze Dörfer entvölkern konnte. Oft verließen verfolgte Familien ihre Heimat und siedelten sich am anderen Flussufer oder in Höhlen, geschützt durch das reißende Wasser des Flusses, wieder an. Wir sehen in den Schluchtwänden zahlreiche Höhlen, die damals, vielleicht als Unterschlupf genutzt, nur mit Strickleitern erreicht werden konnten.

Mit einem Schnitt von zehn km/h folgen wir seit Peshkopi dem Flussverlauf des Drins. Die 84 Kilometer lange Etappe zwischen Peshkopi und Kukes gilt wegen der grandiosen Landschaft als eine der interessantesten und schönsten Routen in Albanien. Den optischen Höhepunkt bildet aber das große Mitteltal des Drins mit seinen drei großen Schluchten. Jetzt steigt die Straße ständig an und schraubt sich in zum Teil schwindelerregenden Kehren in die Höhe, um dort auf langen Kammstraßen einen atemberaubenden Ausblick freizugeben. Die Durchbruchstrecke ist über 50 Kilometer lang und wird

Heck an Heck gestellt könnte man fast meinen, da wäre ein Spiegel hinter dem Defender.

von bis zu 1400 Meter hohen, steilen Wänden an beiden Seiten begrenzt. Hoch oben windet sich die einspurige Höhenstraße mit ihren abgebrochenen Fahrbahnrändern und Schlaglöchern direkt entlang des Abgrunds. Die Strecke enthält zwei steile Abfahrten, an deren Ende der Fluss auf baufälligen Stahlgitterbrücken überquert wird und die Trasse auf die andere Seite des Flusses wechselt. Die Bohlen auf der Brückenfahrbahndecke sind morsch oder fehlen teilweise, einige der Eisenträger sind bereits vom Rost zerfressen. Die Löcher bieten einen freien Blick auf den unter der Brücke fließenden Drin. Die Bohlen knarren und schlagen bei der Überfahrt. Als Alternativstrecke käme aber nur eine Rückfahrt in Frage. Als die Dämmerung naht, wollen wir auf der Bergstraße auf gar keinen Fall in die Dunkelheit geraten. An diesem Tag haben wir 60 Kilometer und zwei baufällige Eisenbrücken auf dieser abenteuerlichen Straße entlang des Drins hinter uns gebracht. Als wir an einem Gehöft hoch oben über der Schlucht vorbeifahren, haben wir alle die gleiche Idee: Die kleine ebene Fläche vor den Stallungen bietet einen wunderbaren Stellplatz für die Nacht. Die Straße ist zu schmal zum Wenden. Also fahren wir kurzentschlossen rückwärts auf das Gehöft zu. Unter dem Schatten eines Obstbaums liegt schlafend ein Mann. Vorsichtig machen wir uns bemerkbar und stellen ihm die schon mehrmals aus dem Minisprachführer des Reisehandbuches von Volker Grundmann verwendete Frage: »A mund te parkoj makinen time ne token tuaj per nje nate?« (Darf ich meinen »Wohnwagen« für eine Nacht auf Ihrem Grundstück abstellen?) Ein Lachen ist die Antwort des Albaners, und wir sind uns zunächst nicht ganz sicher, ob er uns wirklich verstanden hat. Doch dann weist er uns einen Platz hoch über der Schlucht hinter den Stallungen zu. Nicht nur die Familie unseres albanischen Gastgebers wird uns in den kommenden Stunden neugierig, aber freundlich beobachten, sondern auch Pferd, Kuh, Esel und Schafe sind ständig um uns herum, als wir uns in diesem Szenarium unser Abendessen zubereiten. Abends erhalten wir ein Gastgeschenk in Form eines riesigen Stücks in Öl liegenden Schafskäses. Wie sich herausstellen wird, handelte es sich um den leckersten Schafskäse, den wir bisher auf unseren Reisen verzehrt haben.

Nach einer stürmischen Nacht auf den Höhen des Drins und einer langen und anstrengenden Fahrt zur abenteuerlichen Autofähre, die unsere Landys auf dem Wasserweg durch die Schlucht des Koman-Stausees von Fierze nach Komani befördern soll, stellen wir am nächsten Tag enttäuscht fest, dass der Fährbetrieb momentan wegen eines Schadens an der Fähre eingestellt ist. Was tun? »Plan B« sieht eine Ausweichstrecke vor: Zurück nach Shkodër und eine Fahrt in das Hochtal von Theth. Zuerst durch ein trockenes Flussbett, in der Untersetzung fahrend, finden wir uns später auf einer extrem steilen, sich in zahlreichen Kehren, am Abgrund windenden, felsigen Trasse wieder. In schwindelnder Höhe an der einspurigen Kammstraße angekommen, sind es noch 30 Minuten bis zum Bergdorf und der Camp-Area von Theth. Die darauf anschließende Abfahrt erfolgt im ersten Gang mit eingelegter Untersetzung. Den Kupplungsfuß halte ich extra weit weg vom Kupplungspedal. Bei einem Versuch einzukuppeln, wäre das schwere Fahrzeug bei dieser Steigung kaum noch zu halten.

Albanien & Montenegro

Die Straßen in den Bergen Albaniens sind – wenn überhaupt – nur geschottert. Leitplanken sucht man vergebens.

In der Tara, der tiefsten und unzugänglichsten Schlucht Europas

»… Endlich standen wir oben auf der Bergkette, unter uns die gähnende Schlucht, die überhängenden Felsen verwehrten den Blick bis auf die Sohle, es war nicht festzustellen, ob viel oder wenig Wasser. Da floss die Tara zwischen den Wänden dahin – fahrbar ohne Zweifel. Den Rest des Weges legten wir vor Begeisterung laufend und über Felsbrocken herunterspringend zurück. Endlich standen wir auf der Brücke, der einzigen, die weit und breit über den Fluss führt, gefesselt von dem gigantischen Anblick…« So beschreiben Hans Peter Klinke und Walter Frentz 1932 ihren ersten Eindruck von der tiefsten Schlucht Europas.

Die tiefste Schlucht Europas

Neugieriger Besuch in unserem Camp hinter einem Gehöft in der Drinschlucht.

Für mich ist die Flussbefahrung der Tara in Montenegro schon lange ein gehegter Traum, den ich mir auf der Rückfahrt aus Albanien erfüllen möchte. Leider ist unser für lange Seetouren ausgelegtes Faltboot

Mit klarem, frischem Wasser aus dem Schleyer-Wasserfall stillen wir unseren Durst.

für eine Befahrung nicht geeignet. Für Doro sind die zu erwartenden Stromschnellen in einem geliehenen Einerkajak zu schwer, und so entscheiden wir uns, die Taraschlucht von einem Raft aus kennenzulernen. 1500 Meter hat sich der Fluss an seiner tiefsten Stelle in den Canyon eingegraben. Der »Grand Canyon« der »alten Welt«. Wegen seines glasklaren Wassers bezeichnen die Einheimischen die Tara als »Träne Europas«. Diese erweist sich tatsächlich als eine Flussperle. Wir entrichten die nicht preiswerte Nationalparkgebühr und befahren Tara von der Brücke aus 25 Kilometer ab Splaviste bis zum Camp Radovan Luka mit dem Raft. Vorbei an Schleierwasserfällen, wo wir unseren Durst mit frischem Quellwasser stillen, erreichen wir nach zahlreichen spritzigen Stromschnellen eine Engstelle, in der sich in früheren Zeiten geschlagene und geflößte Holzstämme aufstauten, die von den Flößern in lebensgefährlichen Aktionen immer wieder freigesetzt werden mussten.

Entlang der langen kroatischen Küste und durch die slowenischen Alpen geht es von nun an Richtung Heimat. Schon bald werden wir wieder im Berufsleben stehen. Wie in Albanien wird auf der Rückfahrt dort übernachtet, wo uns die südliche Sonne mit ihren letzten Strahlen hinleitet.

An einer Engstelle im Tara-Fluss wird die Strömung stärker.

Tipps

Reisezeit & Klima

Durch die Lage im Südosten Europas darf man sich zwischen Juli und August auf eine sehr heiße und trockene Zeit einstellen. Wer Sorge hat wegzuschmelzen, weicht auf frühere oder spätere Monate aus. In den Wintermonaten fällt an der milderen Mittelmeerküste häufiger Regen, in den Albanischen Alpen und im Inland muss man mit Schnee und deutlich kühleren Temperaturen rechnen. Abgelegene Regionen können dann längere Zeit von der Außenwelt abgeschnitten sein.

Einreise

Man reist mit gültigem Personalausweis oder Reisepass ein, denkt bei Fahrten mit dem eigenen Auto an die grüne Versicherungskarte und bei einem Leihwagen zusätzlich an eine schriftliche Vollmacht oder einen Vertrag des Eigentümers. Der nationale Führerschein ist ausreichend.

Albanien & Montenegro

Unterkünfte

Wildcampen ist erlaubt, so lange man darauf achtet, sich nicht auf dem Eigentum eines Einheimischen auszubreiten. In manchen Nationalparks kann es ebenfalls Einschränkungen geben. Ansonsten findet man insbesondere in den Städten und an der Mittelmeerküste liebevolle Boutique-Hotels, B&Bs und Guesthouses, die sich hervorragend auf booking.com zu vergleichsweise kleinen Preisen buchen lassen.

Gesundheit

Die medizinische Versorgung ist deutlich unter mitteleuropäischem Niveau. Mit einer persönlichen Reiseapotheke und dem Abschluss passender Auslandsversicherungen kann man sich für Notfälle wappnen.

Sicherheit

Grundsätzlich ist Albanien ein sehr sicheres Reiseland, doch die Armut ist immer noch Teil der Gesellschaft. Das Durchschnittseinkommen lag im Jahr 2019 gerade einmal bei 400 Euro im Monat, manch einer muss mit 2,50 Euro am Tag auskommen. So lässt man Rolex, Gucci-Handtasche und andere Status-Symbole zu Hause, um keinen Frust oder Begehrlichkeiten zu wecken. Es kam wohl in den letzten Jahren teilweise zu Einbrüchen in Autos und Wohnmobilen. Wertgegenstände, Ausweise und Geld lässt man hier also auch nicht liegen. Ansonsten sind Albaner unglaublich offen und gastfreundlich. Spätestens beim ersten gemeinsamen Raki schmilzt das letzte Eis.

Straßenverhältnisse

Albanien hinkt anderen europäischen Ländern in der Entwicklung hinterher. Neben neu geteerten Strecken an der Küste gibt es auch Schotterpisten und Straßen, die in keinem besonders gepflegten Zustand sind. Dafür eignet sich das Land hervorragend, um vorhandene Offroadkünste zu testen und weiter auszubauen. Doch Vorsicht, einige dieser Routen sind sehr anspruchsvoll!

Wer nicht über entsprechende Ausrüstung und Erfahrung verfügt, sollte diese Strecken nicht für eine persönliche Mutprobe nutzen. Im Heft, »Albanien – ausgewählte Stecken und Ziele für Abenteurer« von Hobo-Team.de, werden Strecken abseits der Hauptstraßen genau beschrieben, inklusive Angaben des Schwierigkeitsgrades.

> **Literatur & Karten**
>
> Volker Grundmann, Albanien, Das komplette Reisehandbuch, Unterwegs Verlag 2012
>
> Dietrich Höllhuber, Montenegro, Reise-Taschenbuch, Dumont Verlag 2012
>
> Pistenkuh GPS Offroad Tourenbuch Albanien
>
> Walter Frenz et al., In den Schluchten Europas, Erstbefahrungen und Erlebnisse der Faltbootpioniere, Pollner Verlag 1995
>
> Straßenkarte Albanien 1: 220.000, Reise Know How Verlag 2012

Vulkane, Geysire, Wasserfälle, Eis, raues Klima und spannende Tracks, damit lockt Island seit Jahren Geländewagenfahrer an den Rand des Polarkreises. Auch Julia und Benno sind dem Ruf erlegen und waren mit ihrem Buschtaxi auf der größten Vulkaninsel der Welt unterwegs.

Text & Fotos: Julia Wieser

Zwischen Wasserfällen und Geysiren

START

Fahrzeug
Toyota Land Cruiser HZJ 78 mit höherem Fahrwerk, größeren Rädern, Seilwinde, Klappdach mit Bett, 270-Grad-Markise und Innenausbau mit Küchenblock, Sitzgelegenheit und Stautaschen an Kederschienen.

Island

Seit etwa zehn Jahren erfreut sich Island über ein explodierendes Interesse der globalen Tourismusbranche. Mitverantwortlich für den Startschuss dieser Entwicklung ist dabei der Vulkan Eyjafjallajökull, der mit seinem Ausbruch im Jahr 2010 die Stratosphäre einäscherte, den Flugverkehr in großen Teilen Europas lahmlegte und die Aufmerksamkeit auf den Inselstaat lenkte. Der Vulkan mit dem übungsbedürftigen Namen ruht heute wieder ganz unschuldig unter der dicken Eisschicht des gleichnamigen Gletschers und spielt bei Besuchern inzwischen eher eine untergeordnete Rolle. Explodierende Geysire, majestätische Wasserfälle, eisige Gletscher und faulig stinkende Schwefeltöpfe sind Naturschauspiele, die Touristen faszinieren und in Scharen nach Island locken. Geländegängige Selbstfahrer werden neben der faszinierenden Natur vom rauen Hochland angezogen, welches abseits der geteerten Ringstraße die Offroadherzen höher schlagen lässt.

Der Wasserfall Goðafoss.

Faulig stinkende Schwefeltöpfe sind Naturschauspiele.

gern jedoch mindestens ebenso frequentiert, weshalb wir bei einer Walbeobachtungsfahrt auf eine neue Chance hoffen. Der Fischerort Húsavík liegt einsam in der von zerklüfteten Bergen eingerahmten Skjálfandi-Bucht. Alte Eichenholzkutter warten im Hafen darauf, Gäste in das fischreiche Gewässer zu befördern und zu kleinen Inseln, auf denen sich Papageientaucher tummeln. Dieses Mal haben wir Glück. Eingepackt in mehrere Lagen Wollpullover, Daunenparkas, wattierte Overalls und monströse Gummimäntel folgen wir den Rufen der Besatzung, torkeln von einer Seite des Schiffes zur anderen und freuen uns wie kleine Kinder, als hin und wieder die Flosse oder der Rücken eines Zwergwals

Wir gehen auf Walbeobachtungsfahrt.

Und so stehen wir Anfang August auf dem Oberdeck einer Fähre, die uns von Dänemark nach Island bringt. Der Wind zaust unsere Haare und mischt rußige Partikel verbrannten Schweröls in die glasklare Nordluft.

Das gleichmäßige Vibrieren unter unseren Füßen wird zu einem Rütteln, Maschinen kämpfen stotternd gegen den Schwung des Schiffs, die Bordwände erzittern, ein dumpfer Ruck, dann wird unsere Fähre an der Kaimauer mit faustdicken Tauen festgezurrt. Nach fast drei vollen Tagen auf bewegter See klettern wir die steilen Treppen zurück in den Bauch der Fähre und starten den Motor unseres Landcruisers. Wir rollen über die Metallrampe auf das Hafengelände, lassen die bunten Holzhäuser von Seyðisfjørður hinter uns und tauchen ein, in eine Landschaft aus schwarzem Lavastein.

Wir hatten in Südafrika bereits viele Stunden sehnsüchtig auf das Meer geblickt, um einen Wal bei seiner Reise um das Kap der Guten Hoffnung beobachten zu können – ergebnislos.
Die Nordküste Islands wird von den Meeressäu-

Der Hafen von Illulisat in Grönland.

Die Landschaft im Hochland ist meist karg ...

auftaucht. Gegen die eisige Kälte hilft eine Tasse heißer Kakao und eine Zimtschnecke, die man uns ungefragt in die Hände drückt.

Islands Ringstraße ist im Norden sogar in der Sommersaison wenig befahren. An dem halbrunden Wasserfall Goðafoss sitzen wir deshalb nahezu alleine auf einem bemoosten Felsen, beobachten die fallenden Wassermassen und lassen uns mit feinsten Tröpfchen eiskalter Gischt einnebeln. Flussaufwärts gelangen wir gleich zu einem weiteren spektakulären Wasserfall, dem Aldeyjarfoss, der zwischen schwarzen Basaltsäulen hindurchschäumt. Wir folgen der Straße weiter am Flusslauf entlang Richtung Hochland. Die Teerstraße mündet in einer dunkelgrauen Schotterpiste, die in das karge Gebirge führt, zunehmend mit dem Geröll der Landschaft verschmilzt und auf den letzten Kilometern nur noch an wenigen Fahrspuren zu erkennen ist. Inmitten der baum- und strauchlosen, steinigen Einöde befindet sich ein Fleck, der Wanderer und Offroader gleichermaßen anzieht. Laugafell heißt der Ort, der Camper einlädt zu bleiben, und an dem es den vielleicht schönsten Hotpot Islands gibt, mit badewannenwarmem Wasser und einem endlosen Blick auf das Hochland und ferne Gletscher.

Nach einem Bummel durch die Hafenstadt Akureyri fahren wir über die Ringstraße weiter an die Westküste Islands und verbringen einen Sonnenuntergang an einem Strand, an dem sich das Nordmeer schäumend und tosend an schwarz zerklüfteten Klippen bricht.

Kurz entschlossen steigen wir am nächsten Tag in eine Maschine der Icelandair und fliegen drei Stunden nach Nordwesten. Wir landen in Illulisat, der drittgrößten Siedlung Grönlands. Vom Fenster unseres Hotels blicken wir auf das pastellfarbene, glitzernde Meer in der Discobay, auf vorbei treibende Eisberge und hin und her flitzende Boote, das Heulen unterforderter Schlittenhunde in den Ohren, den Gestank der Fischfabrik in der Nase. Einen Nachmittag bleiben wir am Hafen auf einer Bank sitzen, das Gesicht in die milden Polarsonnenstrahlen gerichtet. Zwischen kleineren Eisbrocken treiben Fischköpfe im Wasser, Einheimische laufen mit geschulterten Gewehren an uns vorbei, während am Heck ihres Bootes die erlegten Robben ausbluten. Die wenigen Siedlungen Grönlands liegen ausnahmslos entlang der Küste und sind nur mit dem Boot erreichbar, oder mit einem Hundeschlitten, wenn das Land in den langen Wintermonaten unter einer Schneedecke versunken ist.
Ein Expeditionsschiff fährt uns an der Küste entlang

Der Godafoss ist einer der bekanntesten Wasserfälle Islands.

... ab und zu findet man aber auch grüne Stellen.

Grönland aus der Luft.

Hier driften die Kontinente auseinander. Selbst Benno kann es nicht aufhalten.

zum kalbenden Eqi-Gletscher 80 Kilometer nördlich von Illulisat. Eisbrocken werden vom Bug krachend zur Seite geschoben, die Temperatur sinkt rapide, dann bleibt unser Schiff vor der Bruchkante des Gletschers stehen. Das Eis ächzt, arbeitet, rumort. Ein Brocken von der Größe eines Reisebusses bricht ab, stürzt donnernd in das Wasser, taucht unter und verursacht einen kleinen Tsunami, der uns minutenlang ins Schwanken bringt. Nach drei Nächten verlassen wir die verzauberte Eiswelt und fliegen über das tiefblaue Polarmeer zurück nach Island.

Reykjavíks Einwohner haben das Potential entdeckungslustiger Touristen längst erkannt und gewinnbringend umgesetzt. In unzähligen Souvenirshops kann man kratzige Wollpullover mit bunten Mustern am Halsausschnitt kaufen oder Tassen und Schlüsselanhänger mit Wikingerzeichen. Die vielen Cafés und Restaurants erfüllen ausländischen Gaumen jeden erdenklichen Wunsch, Reisebüros bieten vom Reitausflug mit einem Islandpony bis zur Rundreise um die Insel unvergessliche Erlebnisse. Wir laufen zum Hafen, setzen uns in eines der vielen Lokale mit Blick auf das Meer und die Fischerboote. Benno kostet einen kleinen Würfel gammlig stinkenden Eishai und spült ihn schnell mit einem großen Schluck Brennivín herunter.

Das fermentierte Fleisch des Haifisches ist eine isländische Spezialität, die nichts für zartbesaitete Nasen ist. Meine ist es.

Bei einem Ausflug in das Hinterland fahren wir am friedlosen Vulkan Hekla vorbei, der seit mehreren Jahrtausenden gelegentlich aus seinem unruhigen Schlaf erwacht und mit seiner todbringenden Lava eine großflächige, skurrile Mondlandschaft geformt hat. In Þórsmörk queren wir tiefe Wasserfurten auf der Suche nach einem Weg auf den Eyjafjallajökull. Wir wissen, dass es ihn gibt, erfahren aber am Fuße des Vulkans von einem Einheimischen, dass wir ihn ohne Guide nicht finden werden. Weil wir den Berg aber unbedingt von oben ansehen wollen, und sich spontan keine geeignete Begleitung finden lässt, fahren wir zurück nach Reykjavik und buchen eine Helikopter-Tour. Wir fliegen unter einem Regenbogen hindurch, blicken auf milchigblaue, verästelte Flüsse und auf Besucher, die hinter den Wasserfall Seljalandsfoss klettern. Auf dem 1650 Meter hohen Gletscher gelandet, können wir den Krater unter der Eisdecke lediglich erahnen. Wir stapfen ein paar wenige Schritte über das Eis. Der Boden knirscht unter unseren Füßen, der Wind beißt uns eiskalt ins Gesicht, aber der Blick über die Ebene und den berühmten schwarzen Sandstrand Reynisfjara ist unvergleichlich.

Wir buchen eine Helikoptertour, fliegen auf den Eyjafjallajökull ...

... und erleben den Seljalandsfoss, der sich 66 Meter in die Tiefe stürzt, von oben.

Der Süden Islands wird im Sommer von Touristen und Buskolonnen geradezu überrollt. Wer eine Sehenswürdigkeit für sich erleben möchte, muss sehr früh aufstehen oder bis zur Abenddämmerung warten. Wir zwängen uns mit Besucherhorden durch den zerklüfteten Grabenbruch im Þingvellir-Nationalpark, an dem die eurasische und nordamerikanische Kontinentalplatte auseinanderdriften. Wir verzichten auf ein verwöhnendes Bad in der berühmten Blauen Lagune, weil sich für unseren Gusto bereits zu viele halbnackte Körper im Becken räkeln.

Wir pilgern mit Amerikanern, Asiaten und Europäern vier lange, unspektakuläre Kilometer zu dem Wrack eines amerikanischen Militärflugzeuges, um mit hunderten Fotoapparaten um das schönste Bild des notgelandeten und ausgeweideten Skelettes inmitten schwarzer Lavawüste wetteifern zu können. Wir frieren mit Fremden vor dem Gletscher Jökulsárlón, der seine Eismassen langsam aber stetig ins Meer schiebt, und dessen riesige Eisbruchstücke von den Wellen rhythmisch zurück an das Ufer geschlagen werden.

Bereits weit weg von Reykjavík sind wir fast wieder alleine. Wir finden einen Stellplatz inmitten rabenschwarzer Lavasteine, auf denen leuchtendgrünes, samtiges Moos wächst. In der Nacht ziehen erste Schlieren schillernder Nordlichter über uns hinweg. Wir finden einen Hotpot mit brühheißem Wasser, in dem wir in der Abenddämmerung bis kurz vor dem Kreislaufkollaps ausharren und einen einsamen Fleck an einem Fluss, dessen Plätschern und Rauschen uns durch die letzte Nacht begleitet.

Das Hupen des Schiffshornes schallt über Seyðisfjørður. Unsere Fähre legt ab, gleitet in der Mitte des gleichnamigen Fjords sechzehn Kilometer zwischen stattlichen Felswänden entlang, die Wellen schlagen höher gegen den Bug, dann breitet sich das endlose Nordmeer vor uns aus.

Diesen kleinen Hotpot haben wir zum Glück für uns alleine.

Tipps

Klima & Reisezeit
Island ist zu jeder Jahreszeit eine Reise wert. Je nachdem, wann man den Inselstaat besucht, bieten sich unterschiedliche Möglichkeiten zum Entdecken. Die Chance, Nordlichter beobachten zu können, ist zwischen Oktober und März am besten, Wale sieht man eher von April bis Oktober.

Wer eigenständig das Hochland erkunden möchte, muss die (hoffentlich) schneefreien Monate im Hochsommer nutzen, im Winter locken Superjeep-Touren durch frostige Schneelandschaften. Die wärmsten Tage mit durchschnittlich 12 Grad sind im Juli und August. Das ist auch die Zeit, in der die meisten Touristen die Insel stürmen und Sehenswürdigkeiten stark frequentiert sind. Im Winter sinkt die Temperatur selten unter -2 Grad, dafür hat man kaum mehr als vier Stunden Zeit für Ausflüge im Tageslicht. Im Norden und im Hochland ist es generell deutlich kühler, eisiger Wind kann die gefühlten Temperaturen nochmals deutlich senken. Islands Wetter ist sehr wechselhaft und kann innerhalb kürzester Zeit umschlagen, was man bei der Wahl der Kleidung und der Ausflüge beachten sollte.

Anreise
Entweder fliegt man von Deutschland nach Reykjavík und mietet sich einen Geländewagen, oder man fährt mit der Fähre von Hirtshals in Dänemark über Tórshavn auf den Färöer Inseln nach Seyðisfjørður (www.smyrilline.de). Den Stopp auf Färöer sollte man unbedingt nutzen, um ein paar Tage zu bleiben. Nach der Entdeckungstour auf den 28 vulkanischen Felseninseln reist man dann weiter nach Island. Die reine Fahrtzeit ohne Zwischenstopp auf den Färöer Inseln beträgt knapp 50 Stunden.

Einreise
Mit Reisepass, nationalem Führerschein und grüner Versicherungskarte steht einer Einreise nichts im Wege. Rohe Lebensmittel dürfen nicht eingeführt werden, und Alkohol unterliegt strengen Vorschriften (www.tollur.is).

Straßenverhältnisse
Die Ringstraße und viele Nebenstraßen sind problemlos ganzjährig befahrbar, das Hochland ist grundsätzlich mit Allradfahrzeugen zu durchqueren.

Besser noch ist ein geländegängiges Fahrzeug, weil es teilweise sehr anspruchsvolle Strecken gibt, die nur mit Sperren, viel Bodenfreiheit und fahrerischem Vermögen bewältigt werden können. Die Mobilfunkabdeckung ist in den abgelegenen Regionen löchrig und bietet unter Umständen keine Möglichkeit Hilfe zu holen. Eventuell sollte man deshalb über ein Satellitentelefon nachdenken. Ein Blick auf die aktuellen Wetter- und Straßenverhältnisse ist bei der Planung ebenfalls hilfreich (www.road.is, en.vedur.is). Echtes Offroaden ist auf der Insel untersagt – zum Schutz der fragilen Natur mit Flechten und Moosen, die bis zu hundert Jahre benötigen, um sich von derartigen Schäden erholen zu können.

Sicherheit

Da Island auf einer der vulkanisch aktivsten Regionen der Welt liegt, ist es aus Eigenschutz ratsam, Straßensperrungen und Warntafeln ernst zu nehmen.

Übernachtungsmöglichkeiten

Wer im touristisch überlaufenen Sommer nach Island reisen möchte, sollte im Vorfeld seine Unterkünfte buchen. Im Winter ist es ruhiger, sodass sich auch spontan etwas Passendes findet. Wildcampen ist – mit Ausnahme weniger, weit abgelegener Regionen – inzwischen verboten. Die Isländer hatten die Nase voll von den Hinterlassenschaften naturfreudiger Ausländer. Es gibt inzwischen etwa 170 registrierte Campingplätze, auf denen man je nach Lage von etwa Anfang Juni bis Mitte September nächtigen kann (www.visitisland.com).

Literatur & Karten

Pistenkuh GPS Offroad Tourenbuch Island
Pistenkuh Offroad Impressionen Island – DVD
Michelin Karte Island 1:500.000
National Geografc Maps 3302 Iceland – 1:465.000

Mein Bruder Stephan möchte irgendwann einmal in allen Ländern dieser Erde gewesen sein. Deshalb sitzt er schon seit Jahren immer wieder im Flugzeug und bricht zu nahen und fernen Reisezielen auf. Diese Reise führte ihn zuerst durch Südamerika und dann auf die Osterinseln. Seine Reiseeindrücke des faszinierenden Landes Bolivien, in dem er mit einer kleinen Gruppe zeitweise auch in gemieteten Nissan Patrols unterwegs war, hat er zusammengefasst und lässt uns damit an diesem Abenteuer teilhaben.

Text & Fotos: **Stephan Scheler**

Irgendwo zwischen Himmel und Erde

Vom Winde verweht

PERU
BRASILIEN
BOLIVIEN
○ La Paz
○ Salar de Uyuni
CHILE

> **Fahrzeug**
> Nissan Patrol GL 4x4 (Modell Y61) mit MT-Bereifung & Dachträger, teilweise mit Rammschutz-Stoßstange und Schnorchel.

Seit 2014 symbolisiert die entgegengesetzt laufende Uhr am Kongressgebäude von La Paz den Aufbruch in eine neue Zeit.

Die Metropole im Kessel, dahinter der majestätische Illimani.

Still ruht der See, obwohl sich aus Süden kräftige Windböen über das schier endlose Wasser schieben. Die Sonne steht bereits hoch, aber vielleicht ist der Tag einfach noch zu jung für wogende Wellen und wildes Tamtam... hier oben, 3812 Meter über dem Meeresspiegel. Und so gleiten wir friedlich über die Weiten des Lago Titicaca, entlang der dicht bewachsenen Uferzonen, vorbei an den schwimmenden Inseln der Urus, die genau wie ihre Boote und Häuser aus getrocknetem Totora-Schilf erschaffen wurden. Nicht zuletzt deshalb ist die Pflanze für die kleine ethnische Gruppe der wichtigste Baustein ihres Lebens. Auch ihre besonders jodhaltigen Wurzeln dienen den Urus als Nahrungsmittel.

Wie bedeutsam Pflanzen und Kräuter für die indigenen Völker Südamerikas sind, erlebt man dort, wo diese weitere Etappe einer nahezu unbeschreiblichen Reise am Abend endet: in der bolivianischen Metropole La Paz. Ich bin mit einer kleinen Reisegruppe unterwegs, komme gerade aus Peru, stehe jetzt an der Kreuzung des berühmtesten Marktes der Stadt und werde in einigen Tagen

Bei einem Höhenunterschied von knapp 1000 Metern muss sich eine Stadt zu helfen wissen.

nach Chile weiterreisen, um zuletzt auf Rapa Nui zu stranden, der vom Festland gut 3500 Kilometer entfernten Osterinsel. Nun aber bin ich hier und ringe ob der extremen Höhe noch einmal tief nach Luft, ehe ich mich ganz und gar auf den Hexenmarkt einlasse und die ebenso bunten wie obskuren Läden betrete. Kokablätter, Koka-Tee oder Koka-Bonbons mögen für einen Europäer vielleicht ungewöhnlich sein – hier zählen sie aber zu den harmlosesten und gängigsten Waren, die in den verwinkelten Geschäften feilgeboten werden. Schließlich ist der immergrüne Strauch in keinem Land so verbreitet und zuhause wie in dem Andenstaat, der mit Evo Morales bis 2019 sogar von einem Anführer der Kokabauern regiert wurde. Angeblich hat selbst das berüchtigte Medellín-Kartell um Pablo Escobar in den 80er Jahren den größten Teil seines Kokains nicht in Kolumbien produziert, sondern in den dichten Regenwäldern von Peru und Bolivien. Aber das ist eine andere Geschichte – und was Morales in seiner Heimat mühelos gelang, blieb Escobar 1982 verwehrt, obwohl er sich seinerzeit als Abgeordneter in den Kongress wählen ließ und auf dem Gipfel seiner Popularität mancherorts sogar »Robin Hood« genannt wurde.

Als »Chiflerías« bezeichnet man die Läden der Hexen, und darin brodelt kein Kessel über dem Feuer, stattdessen aber baumeln ein paar Lama-Föten von der Decke. Sie sind Opfergaben für Pachamama, unsere Mutter Erde, und werden zugleich als Glücksbringer im Fundament neuer Häuser eingegraben, um den Bewohnern dadurch ein glückliches Leben zu sichern. Ich gebe mich schon mit weit weniger zufrieden und staune über Gesichtscremes aus Schlangengift, krebsheilende Säfte aus Haiknorpeln oder stärkendes Stierblut. Verschiedenste Kerzen, Seifen, Pulver und Tinkturen versprechen den gutgläubigen Käufern mehr Kunden, mehr Geld, mehr Glück. Was auch immer man möchte und wonach man sich sehnt, hier findet man für jedes Problem eine Lösung.

Mein Problem ist die Höhe und es bedarf eigentlich auch keiner besonderen Wundermittel, sondern einfach nur einer sofortigen Flucht in tiefer gelegene Regionen. Speziell das geht in La Paz aber auch ganz schnell. Es ist weltweit die Stadt mit dem größten Höhenunterschied innerhalb ihrer Bezirke. Zwischen dem Tal und dem oberen Stadtrand El Alto liegen knapp eintausend Meter. Nicht zuletzt deshalb verfügt man über ein weit verzweigtes Seilbahnnetz, das faszinierende Perspektiven auf die Häuser und Plätze der Stadt gewährt. Schaut man aus den kleinen Gondeln herunter, so gleicht La Paz einem Dschungel, einem ständigen Auf und Ab durch Straßenschluchten voller Beton, roter Ziegel und Wellblech. Und über allem thront der Illimani, mit 6439 Metern der zweithöchste Berg Boliviens und gleichzeitig das Wahrzeichen der Stadt. Das indigene Volk der Aymara nennt ihn »Illemana« – der Ort, »wo die Sonne geboren wurde«.

Sie ist unser ständiger Begleiter auf der Weiterfahrt, auch wenn sie immer wieder hinter gigantisch großen Wolken verschwindet. Über uns

Wundervolle Wolkenbilder – zum Greifen nah und doch ständig im Wandel.

Friedlich umherziehende Lamas in endloser Weite ...

bilden sich faszinierende Formationen, wabernde Gebilde und abstrakte Muster. Klare, dann kollidierende Konturen, die sich wenig später in zerrissenen Fragmenten auflösen. Wenn man in den Himmel sieht und sich in der Deutung der vielen Strukturen verliert, die sich immer neu zusammensetzen, entdeckt man dort oben lauter Drachenköpfe, Hinkelsteine und Vogelscheuchen. Wie beliebig man das Spektakel auch immer interpretiert, so bleiben die metamorphen Schwaden doch Figuren eines überdimensionalen Schattenspiels. Und derjenige, der sie so zart in Formen gießt, knipst von Zeit zu Zeit auch den Scheinwerfer an, wenn das Sonnenlicht mal wieder durch dichte Wolkendecken blitzt.

Mal sieht alles aus wie Watte und Puderzucker, im nächsten Moment wird es dramatisch und bedrohlich. In der Ferne fällt der Regen, doch unweit davon regiert ein kräftiges Blau mit weißen Sprenkeln. Ständig wechselt die Kulisse, hier mitten im

In den Wolken entdeckt man Drachenköpfe und Hinkelsteine

südamerikanischen Nirgendwo, auf der größten Leinwand der Welt. Außer uns haben im Kino des Lebens nur ein paar Lamas als Zuschauer Platz genommen und blicken staunend nach oben, wenn sie ihren Kopf nicht kurz zum Fressen gesenkt haben. Aber auf dem Boden findet sich kein warmes Popcorn, sondern nur trockenes Gras, ein paar Sträucher und Kakteen. Bunt gekleidete Frauen spazieren mit schwarzen Filzhüten durch die Landschaft und sind der letzte Farbtupfer vollkommenen Friedens, der sich hier Stunden um Stunden, Kilometer für Kilometer abspielt. Plötzlich explodiert mein Kopf, und ich erkenne, dass ich mir nicht nur die Landschaft anschaue, sondern auch einen ewig währenden Roadmovie, der irgendwann begonnen hat und scheinbar nicht mehr aufhören will. Ich sauge jede Sekunde auf, absorbiere jedes Bild und jeden Augenblick. Was ich hier sehe, ist die Vollkommenheit – die pure und so einfache Vollkommenheit des Lebens, aber auch die Vollkommenheit des Reisens. Genau darum geht es, um kein bisschen weniger, aber tatsächlich auch um nichts mehr als um das, was in diesen Momenten geschieht. Die Hochebene überreicht uns ein unermesslich wertvolles Geschenk, dessen Tiefe und Besonderheit kaum greifbar ist. Und nicht wir absorbieren unser Außen und das, was wir um uns herum wahrnehmen. Der Altiplano absorbiert uns, hat unsere Herzen eingenommen und klammheimlich erobert, uns sanft umarmt und dafür gesorgt, dass wir im Hier und Jetzt mit allem verschmelzen. Die Weite, die Berge, der Asphalt und der Himmel, die Lamas und unsere Seelen ... wir sind eins geworden, und es ist vollkommen egal, ob wir uns jetzt auf einem Fluß befinden würden oder auf der endlos erscheinenden Überlandstraße nach Uyuni. Der Weg ist das Ziel. Nie habe ich das klarer verstanden als hier oben, im Dachgiebel Gottes. Beim Allmächtigen, der weiter fröhlich seinen Pinsel schwingt und pastellfarbene Töne über den Horizont legt, bis sich die Sonne senkt und selbst vor der grenzenlosen Schönheit des Abends verneigt.

Ich erkenne an diesem Tag nicht nur die Kostbarkeit, die in jeder noch so unbedeutend erscheinenden

Willkommen auf über 10.000 Quadratkilometern Salz!

Lolo und der Weltenbummler. *Salar de Uyuni, Schauplatz der berühmten Rallye Dakar.*

Stunde unseres Daseins liegt. Ich verstehe auch, dass sich kleine Momente unterwegs manchmal als ganz besondere entpuppen, als die wahrlich großen. Und ich lerne Lolo kennen – einen handzahmen Papagei, der beim Zwischenstopp in einem Café die ganze Zeit auf meiner Schulter sitzt und meine Selfies so geduldig erträgt wie ein Popstar das Schreiben von Autogrammen. Und vielleicht ist er das ja auch, nicht nur ein zutraulicher Blickfang für Tankende und Traveller, sondern eine kleine Berühmtheit am Rande der Welt. Doch so unterhaltsam und vertraut unsere gemeinsame Viertelstunde auch ist, bleibt sie doch nur das Vorspiel des absoluten Höhepunktes, der uns am nächsten Tag erwartet …

Alle Nationen vereint an einem Ort.

Erst nach Einbruch der Dunkelheit treffen wir in einer staubigen Stadt ein, die einst als Militärstandort gegründet wurde. Uyuni war noch bis zur Jahrtausendwende relativ überschaubar, verfügt aber seit 2011 über einen eigenen Flughafen und wächst nicht nur durch den anhaltenden Strom der Touristen. Hier befindet sich eines der weltweit größten Lithium-Vorkommen, dem Grundstoff für wiederaufladbare Batterien, die beispielsweise in Smartphones, Laptops oder Elektroautos verwendet werden. Auf etwa 5,4 Millionen Tonnen schätzt man die hiesigen Ressourcen. Für ganz Bolivien gilt ungefähr das Vierfache; und weil man in diesem Land prinzipiell nur mit Superlativen jongliert, ist Salar de Uyuni die größte Salzpfanne der Erde. Sie liegt unmittelbar westlich der Stadt und nimmt mit ihren zehn Milliarden Tonnen Salz eine Fläche von über 10.000 Quadratkilometern ein. Über ihren richtigen Artikel ist man sich ebenso uneins wie darüber, ob der oder die Salar de Uyuni ein Salzsee oder eine Salzwüste ist. Auf jeden Fall ist es einer der bizarrsten und zugleich beeindruckendsten Orte unseres Planeten.

Happiness in der Wüste!

Wer die Salzpfanne verlässt, braucht erstmal Wasser für die Scheiben.

Auf dem Altiplano reist man alleine mit sich, dem Himmel und der Welt ...

In der Wüste steht ein komplett aus Salz gebautes Hotel. Sie war zuletzt auch mehrfach Schauplatz der renommierten Rallye Dakar und wenige Meter neben einer Gedenktafel dieses abenteuerlichen Rennens ergötzt man sich an einem kleinen Plateau mit bunten Fahnen unterschiedlichster Länder. Menschen aus allen Kontinenten haben sich hier mit ihrer Flagge verewigt – Südkoreaner und Japaner, Tunesier und Türken, Argentinier und Chilenen. Und irgendwo zwischen alledem weht ein kleines rotes Fähnchen mit einer weißen Burg. Es ist das

Wappenzeichen der Hansestadt Hamburg, meinem Geburtsort. Ich fühle mich in diesem Moment tatsächlich heimisch und zuhause, obwohl ich mich immer noch nicht ganz an die Höhe gewöhnt habe. Aber ich laufe barfuß über den Boden, lache wie ein glückliches Kind und erfreue mich an der alles vereinnahmenden Stille. Radfahrer mit schwerem Gepäck ziehen an mir vorbei und dann stehen wir auf einmal dort, wo eine dünne Wasserschicht auf dem Salz einen nie zuvor gesehenen Spiegeleffekt erschafft. Unsere Gruppe teilt sich, löst sich auf und fällt auseinander. Wir verlieren uns in der Weite, werden zu Silhouetten und entfernen uns so sehr von den Anderen, bis jeder mit seinen Gedanken alleine ist.

Vielleicht ist Salar de Uyuni ja auch für uns nur eine Etappe, genau wie für die Autos und Motorräder, die Quads und Trucks der berühmten Rallye. Aber genau das ist die Frage: Wo ist der Anfang und wo das Ende? Sind wir nicht schon längst am Ziel, angekommen an den Pforten des Himmels, wo alles Irdische aufhört und etwas Neues beginnt? Hier verschwimmen Raum und Zeit, fließen friedvoll ineinander, die Erde und die Ewigkeit, nur erschaffen durch einen seichten Film von Wasser, der krustiges Salz bedeckt. Und in der Ferne gleicht der Übergang einer Fata Morgana im Sonnenlicht.

Alles scheint miteinander verwoben, das leuchtende Blau, das reine Weiß und die Wüste. Es sind nur flimmernde Teilchen und Licht, der Zauber einer Illusion. Ein Traum fast, den der Wind fortträgt ... beinahe so, wie er immerzu Wolken umherschiebt oder uns weiter und weiter gen Süden bläst.

Tipps

Wer nach Bolivien reist, sollte sicher sein, dass er große Höhen verträgt. Schon in La Paz kann es in den höheren Gegenden zu Atemnot kommen. Auch der Salar de Uyuni liegt auf über 3600 Metern Höhe.

Reisefahrzeuge, in denen Gas zum Kochen, Kühlen oder Heizen verwendet wird, können bei Kälte hier Probleme bekommen. Das gilt auch für den Diesel. Da die Temperaturen zum Teil weit unter Null fallen können, sollte man mit Additiven vorbeugen.

Beim Tanken gilt: Immer volltanken und rechtzeitig tanken, damit der Sprit während der Fahrt nicht ausgeht. Benzin und Diesel sind in Bolivien zwar staatlich subventioniert, an Ausländer wird jedoch zum gut doppelten Preis verkauft, was oft auch mit Videoüberwachungssystemen kontrolliert wird. Sind sie nicht vorhanden, kann man den Sprit jedoch auch als Tourist manchmal zum Preis für Einheimische bekommen. Benzin darf jedoch leider nicht in Kanistern über die Grenze eingeführt werden.

Angstfreie Mountainbiker können sich den Camino de la Muerte in La Paz vornehmen. Der Mountain-Bike-Trail beginnt auf über 5000 Metern und windet sich auf einem schmalen Pfad über 1.000 Meter talwärts. Aber Vorsicht: Der Trail ist nichts für Menschen mit Höhenangst, da es auf der Seite steil nach unten geht. Außerdem sind schon einige dort verunglückt.

Reist man vom Salar de Uyuni nach Chile, ist die Stadt San Pedro de Atacama ein toller Tipp. Hier gibt es viele schöne Restaurants, Bars, Kneipen, und es tummeln sich dort viele junge Leute und Backpacker. Man findet einen gewissen Hippie-Style, so wie in anderen »Newcomer-Orten«, bevor sie irgendwann hip und voll wurden.

Literatur & Karten

Reise Know-How Reiseführer Bolivien kompakt
Reise Know-How Landkarte Bolivien 1:1.300.000
Nelles Maps, Bolivien – Paraguay 1:2.500.000
Alpenvereinskarte Cordillera Real Nord Illampu – Topographische Karte 1:50.000
Alpenvereinskarte Cordillera Real Süd Illimani – Topographische Karte 1:50.000

Höher, schneller, weiter: Es ist ein sportlicher Plan, innerhalb von neun Wochen ins Zentrum Asiens zu reisen, die zweithöchstgelegene Fernstraße der Welt zu befahren und nach neun Wochen und 18.000 Kilometern zurück in bayerischer Idylle zu sein. Doch was bei Julia und Benno einmal im Kopf festsitzt, geht so schnell nicht wieder raus.

Text & Fotos: **Julia Wieser**

Einmal Zentralasien und zurück

Dünne Luft am Karakul

> START

Fahrzeug:
Toyota Land Cruiser HZJ 78 mit höherem Fahrwerk, größeren Rädern, Seilwinde, Klappdach mit Bett, 270-Grad-Markise und Innenausbau mit Küchenblock, Sitzgelegenheit und Stautaschen an Kederschienen.

In Kappadokien stellen wir wieder einmal fest, was die Natur für ein genialer Baumeister ist.

Der Sommer kommt gerade richtig in Fahrt, wir packen Sandalen und dicke Wollpullover in unser Buschtaxi, füllen den Wassertank bis zum Anschlag und bekleben das Auto mit einem neuen Schriftzug: »Salām aleikum«. Der Wunsch nach Frieden wird uns unterwegs viele Freunde bescheren. Unsere »Rallye« beginnt auf den Autobahnen des Balkans, stoppt für einen Moment im pulsierenden Istanbul, atmet auf zwischen den märchenhaften Steinformationen Kappadokiens, hetzt an der Südküste des Schwarzen Meeres entlang.

Der Charme und die Kommunikationsfreudigkeit der Türken klingen noch in unseren Ohren, da werden wir in Georgien kritisch beäugt. Die Antwort auf die vielleicht wichtigste Frage nach unserer Herkunft zaubert strahlende Gesichter: »Nicht aus Russland!«. Relikte der Sowjet-Zeit mit halbverfallenen Industriegebäuden, abblätternden Plattenbauten und einem Museum, in dem Stalin schamlos gehuldigt wird, erinnern zwar überall an die gemeinsame Vergangenheit, doch Russland hat sich vor allem mit der Nichtanerkennung georgischer Landstriche ins Liebesaus katapultiert.

Zentralasien

Kurz vor dem Abano-Pass sind die Wege abenteuerlich.   *Ein Schäfer freut sich uns zu sehen.*

Ganz nah an der Grenze des ungeliebten Nachbarn, mitten im rauen Gebirge des großen Kaukasus liegt Omalo. Die 70 Kilometer lange »Tusheti-Road« führt als einzige Strecke über den Abano-Pass in das Dorf abseits jeglicher Zivilisation und gilt als eine der gefährlichsten der Welt. Diese Auszeichnung kitzelt unsere Entdeckungslust. Eine Schotterpiste führt uns durch lichten Blätterwald an den lauschigen Buchten des Stori-River entlang, windet sich neben dem eisigen Wasser weiter zwischen erste Felswände, gewinnt stetig an Höhe und lässt den Fluss immer tiefer im Nichts versinken. Wir umfahren erste Felsbrocken, rangieren um steile Serpentinen, bewältigen Anstiege auf losem Geröll. Die Wand an unserer Linken besteht aus brüchigen Schieferplatten, die sich stellenweise in bedenklichem Winkel über die Fahrbahn neigen, rechts gähnt der Abgrund. In einer Kurve strömt Wasser über den Weg und hat große Teile der Straße über den Abhang gespült. Die Straße schlängelt sich weiter in die Höhe, lässt Bäume und Büsche hinter sich, durchschneidet das satte Grün der Berghänge und führt durch dichte Nebelschwaden über den 2950 Meter hohen Pass. Auf der Nordseite kleben letzte Schneewände an den

> Rechts gähnt der Abgrund

Die alte Keselo-Festung von Omalo in Georgien.

geschützten Felsen, Schmelzwasser fließt über die Straße und gräbt tiefe Furten, wenn ein Hindernis auftaucht. Nach fünf Stunden erreichen wir Omalo. Eingerahmt von schneebedeckten Bergspitzen thront auf einer Anhöhe oberhalb des Dorfes die Keselo-Festung mit ihren Wehrtürmen.

Die Guesthouses sind in den Sommermonaten bis zum Anschlag gefüllt, Pferde für Touren über steinige Bergpfade gesattelt, georgische Köstlichkeiten und eigens produzierter Rotwein aufgetischt. Es ließe sich aushalten, gerne auch länger – doch unsere Uhr tickt. In der Nacht fällt stundenlang Regen und gefährdet unsere Rückfahrt. Eingerollt in Wolldecken, mit frisch gebackenen, duftenden Teigfladen und heißem Kaffee in der Hand, beobachten wir auf der Terrasse unseres Guesthouse wie sich die Wolken lichten. Der Weg zurück auf den Pass scheint kaum verändert. Doch dahinter ziehen nicht enden wollende Regenfäden aus dichtem Grau die Hänge hinunter ins Nichts. Das Unwetter hat loses Gestein und Teile der Fahrbahn mitgerissen und über Serpentinen hinweg auf der Piste verteilt. Eine bis an die Helmspitzen schlammverspritzte Gruppe Motorradfahrer kämpft sich durch tiefe Fahrspuren eines lehmigen

In Tiflis bilden alte und moderne Bauwerke eine interessante Mischung.

Streckenabschnittes, wenige Kurven später müssen wir warten, bis die Straße mit schwerem Gerät von den Geröllmassen einer Mure befreit ist.

Als Kontrastprogramm verbringen wir drei Tage in der Wohnung eines Künstlerpaares in Tiflis. Vom Balkon überblicken wir die Altstadt, den Fluss mit seiner ultramodernen Brücke und die goldene Kuppel der Sameba-Kathedrale. Abends leuchtet der Fernsehturm in wechselnden Knallfarben vom Stadtberg Mtazminda auf die Hauptstadt. Wir trinken literweise bittersüßen,

Zentralasien

Bei einem Straßenhändler in Tiflis kaufen wir frisches Obst.

Die Stadtmauer von Xiva umschließt fast die ganze Altstadt.

frisch gepressten Saft aus Granatäpfeln und testen die allerorts verkauften bunten Schlangen, in denen Nüsse mit Sirup zusammengeklebt sind. Zwischen verwinkelten Gassen schlendern wir an Fassaden vorbei, deren Renovierung längst fällig, vielleicht aber auch viel zu spät käme. Unser Reiseplan schickt uns auf direktem Weg weiter über die zunehmend karge, ockerfarbene

Herde Wildpferde staubend davon. In einer langen Tagesetappe überqueren wir die Grenze zu Usbekistan auf einer Straße, die diesen Namen nicht verdient. Millionen an Schlaglöchern und hitzebedingten Aufwerfungen fordern höchste Aufmerksamkeit und fressen Unmengen an Zeit.
Auf einem Rastplatz übermannt uns die Müdigkeit.

Kamele sind hier auch heute noch zuverlässige »4x4-Transporter«.

An der Grenze von Kasachstan nach Usbekistan gibt es Stau.

Landschaft Aserbaidschans an den Hafen von Baku, lehrt uns beim Kauf der Tickets Geduld, fordert an Bord der Fähre Nachsicht bei Ausstattung und Sauberkeit, zwingt uns Ruhe zu wahren bei den Bettelversuchen der Grenzpolizisten im Hafen von Kasachstan.
Die Plattenbauten von Aktau tauschen wir schnell gegen kerzengerade Teerstraßen, welche die Wüstenlandschaft durchschneiden. Gelegentlich grast ein Kamel am Straßenrand, in der Ferne galoppiert eine

Wir krabbeln ins Dachzelt und versinken in einem traumlosen Schlaf. Völlig gleichgültig, dass aus dem angrenzenden Restaurant usbekische Popmusik bis in die frühen Morgenstunden dröhnt.
Als wir die gewaltigen Stadtmauern der alten Oasenstadt Xiva erreichen, sind die Strapazen schnell vergessen. Durch das Westtor tauchen wir in eine jahrhundertealte Geschichte ein, in der Xiva eine bedeutungsvolle Rolle für Händler spielte, die ihre Waren über die Seidenstraße von Asien nach Europa

Außen präsentiert sich die Stadtmauer von Xiva als mächtiges Bollwerk.

Bei den traditionell gebackenen Broten läuft einem das Wasser im Mund zusammen.

Ob hier noch mehr Melonen reingegangen wären? Fahrzeuge werden hier bis obenhin vollgepackt.

transportierten. Der Palast »Tasch Hauli«, mehrere Moscheen und Medresen sind architektonische Meisterwerke, das »Kalta Minor«, ein mit schwindelerregend vielen blau-grünen Keramikmosaiken verziertes Minarett, dessen geplante Höhe von 80 Metern nie fertiggestellt wurde.

Auf dem Weg nach Buchara halten wir bei einem Melonenhändler. Unvorstellbare Mengen Melonen werden am Straßenrand auf Lastern, Eselkarren oder direkt am Boden verkauft. Und es sind die besten, die wir jemals gegessen haben. Doch Ausländer beim Kauf sonnenverwöhnter Melonen sind in Usbekistan ein seltener Anblick und Usbeken ausgesprochen interessiert und gastfreundlich. Und so ist es quasi Bedingung der Einladung zu folgen, aus einem großen Topf gemeinsam das Nationalgericht »Plov« zu kosten, ein Schmorgericht aus Reis, Karotten und Hammelfleisch. Auf meinen Hinweis, dass ich kein Fleisch mag, wird eine fleischfreie Stelle gesucht und der gefüllte Löffel strahlend meinem Gesicht entgegengestreckt. Nachdem wir mit

Die Teleshayahk-Moschee in Taschkent.

Pause in einer einsamen Schlucht in Kirgisistan.

herbem Tee versorgt sind, dürfen wir endlich zwei pralle und zuckersüße Melonen erwerben.
Buchara verzaubert uns endgültig. Im Stadtkern am Wasserbecken sitzend trinken wir eine selbstgemachte Limettenlimonade nach der anderen, während wir darauf warten, dass die hochsommerlichen Temperaturen erträglicher werden. Sobald die Sonne versinkt, erwacht Buchara aus der Hitzestarre, die gepflasterten Straßen füllen sich mit Menschen, der Duft von gegrilltem Lamm zieht durch die Gassen. Wir setzten uns auf die Steinstufen am Kalon-Minarett bis die türkisfarbenen Kuppeln und die Verzierungen der umgebenden Moscheen und Medresen in der Dämmerung versinken.

Doch unsere Rallye geht weiter. So jagen wir durch den schmalen Zipfel im Westen Usbekistans nach Kirgisistan, drängen aus der unscheinbaren Stadt Osch auf die M41, klettern Meter für Meter in die Höhe, blicken auf die majestätische, schneebedeckte Wand einer Bergkette und bremsen an der Grenzschranke zu Tadschikistan.

»Ruki vverkh!« – »Hände hoch!«, verdutzt blicken Grenzbeamte, Militärs und Polizisten meinen Mann an, bevor sie ihre Lippen zu einem breiten Grinsen verziehen oder gleich in schallendes Gelächter ausbrechen. Der tadschikische Zöllner von der Statur eines Braunbären verliebt sich aufgrund der zwei russischen Worte umgehend in meinen Mann. Mit dem simplen Scherz beugen wir in den ehemaligen Sowjet-Ländern Bestechungsversuchen an Checkpoints und Schikanen an den Grenzen vor – es funktioniert immer. Bis mein Mann sich aus den Pranken der neuen Liebe befreien kann, versinkt die Sonne hinter den Bergspitzen. Wir erreichen die Ebene mit dem tiefblauen Karakul-See kurz bevor die Dunkelheit alles verschluckt.

An der windgeschützten Fassade eines Hauses schlagen wir unser Nachtlager auf. Mein Schädel klopft. Die 3000 Höhenmeter unserer Tagesetappe hätten wir besser einteilen sollen. In der Nacht wälzen wir uns von einer Seite zur anderen, kämpfen gegen die Atemnot, schlafen wenige Minuten, wachen erneut auf und ringen nach Sauerstoff. Gegen 4:30 Uhr geben wir uns geschlagen und verlassen den Standplatz. Die winzigen Kondenstropfen unserer Atemluft gefrieren in der eisigen Luft, und der angefrorene Schotter knirscht unter unseren Reifen als wir die Ebene verlassen. In der Dämmerung glitzert der See, und die schneebedeckten Gipfel beginnen zu glühen. Gerade als die Sonne zwischen den Bergspitzen durchblitzt, erreichen wir den höchsten Punkt des Highways, den 4655 Meter hohen Ak-Baital-Pass.

In Kalaikhum verteilen wir die letzten Seifenblasen-Fläschchen, die wir als kleine Geschenke mitgenommen haben, an eine Traube kreischender Kinder, werfen einen letzten Blick auf die afghanischen Berge und folgen dem letzten Abschnitt des Pamir-Highways zurück auf 3200 Höhenmeter. Die Hänge sind mit grünen Teppichen überzogen und mit Schneeflecken gespickt. Neben der Straße stehen freundliche Hinweisschilder, dass abseits der Pisten alte Minen für ein vorzeitiges Reiseende sorgen könnten, daneben grasen ahnungslos Schafe und Kühe. Weiter in der Ebene versinkt die Piste zwischen Hängen in einem meterhohen Wildblumenmeer und krallt sich kurze Zeit später an eine nackte Bergwand, um nicht in den Abgrund zu fallen.

Der Pamir-Highway führt teilweise über brüchige Teerstrecken, teils über dunkelgrauen Schotter. Schnee, Unwetter, Frost und Hitze haben die Straße nach Lust und Laune verformt, ausgehöhlt, weggespült. Der Grenzzaun der Chinesen begleitet uns über etliche Kilometer, auch wenn die eigentliche Grenzlinie weit ab der Piste zwischen unfreundlichen Gipfeln verläuft.

Wir lassen die maroden, weiß getünchten Fassaden von Murgab hinter uns und blicken gegen Nachmittag im Wakhan-Corridor auf die schäumenden Wassermassen des Pamir, der die Grenze zu Afghanistan markiert. Hier klemmt sich der Weg an das Ufer und folgt dem Flusslauf, eingekeilt zwischen die Felswände des Pamirgebirges. Ab und zu kommt ein Fahrzeug entgegen und hüllt nachfolgende Radfahrer mit einer dicken Staubschicht ein.

Seit unserem Start ist die Zeit verronnen. Unsere Route führt uns über die zauberhaften Städte Usbekistans zurück, überquert auf einem noch schäbigeren Schiff das Kaspische Meer, führt an Schlammvulkanen und Ölfeldern Aserbaidschans und an Burgruinen in Georgien vorbei. In der Türkei verdrücken wir köstliche Mezze-Platten und japsen über hunderte Stufen auf den Grabberg Nemruth Dagi. Wir trinken am Ufer des Tigris dickflüssigen, türkischen Kaffee mit Blick auf die Felsenwohnungen und die alten Brückenpfeiler von Hasankeyf. Wenige Wochen später werden die Stadt und ihre Kulturschätze in den Wassermassen des neuen Staudammes versunken sein. Aber das ist eine andere Geschichte.

Tipps

Reisezeit & Klima

Eisige Winter und glühende Sommer prägen die Länder Zentralasiens. Während die beste Reisezeit für Fahrten in die Gebirgsregionen Georgiens und über den Pamir-Highway die Hochsommermonate sind, muss man in derselben Zeit im Flachland mit extremer Hitze rechnen. In den Wüstenregionen Kasachstans und Usbekistans können Ende Juli schon mal Temperaturen um die 50 Grad erreicht werden. In den früheren oder späteren Monaten sind diese Gebiete angenehmer zu bereisen, dafür kann es passieren, dass Bergregionen im Kaukasus wegen Schnee oder starker Regenfälle gesperrt sind und auf dem Pamir-Highway kein Durchkommen ist. Die individuellen Wünsche und Ziele sollte man also der Reisezeit anpassen.

Einreise

Im Grunde reicht ein Reisepass, der noch mindestens sechs weitere Monate gültig ist, die Dokumente für das Fahrzeug, der nationale und der internationale Führerschein. Vorsorglich lädt man alle Dokumente zusätzlich auf seine Emailadresse hoch und druckt sie mehrfach aus, um Originale nicht in ungewisse Hände geben zu müssen.

Für **Aserbaidschan** (www.evisa.gov.az) und **Tadschikistan** (www.evisa.tj) benötigt man ein Visum, das man jeweils online beantragen kann. Auf mehrere Tage Bearbeitungszeit sowie Folgen bei verspäteter Ausreise sollte man generell dringend achten. Durch Georgien, Usbekistan, Kasachstan und Kirgisistan reist man mindestens für 30 Tage visumfrei ein.
Wer über den Iran, Russland oder Turkmenistan anreisen möchte, muss sich bereits in Deutschland bei der entsprechenden Botschaft um ein Visum bemühen.

In **Usbekistan** muss man sich innerhalb von 72 Stunden beim jeweiligen Stadtbezirk anmelden und die Registrierung für die Dauer des Aufenthaltes bei sich führen. Hotels übernehmen diese Meldung.
Auch in **Kasachstan** muss man drei Arbeitstage nach der Einreise bei der Migrationsbehörde von der einladenden Partei gemeldet werden (www.vmp.gov.kz). Auch hier sollte man sich die Benachrichtigung aushändigen lassen und bis zur Ausreise behalten.

Für Reisen über den Pamir-Highway in die autonome Provinz **Berg-Badachschan** benötigt man eine Sondergenehmigung, die man online zusammen mit dem Visum beantragt. Mit einem E-Visum besteht keine zusätzliche Registrierungspflicht.
Da sich die Vorschriften und Einreisebedingungen ändern können, prüft man vor Abreise die Bedingungen der einzelnen Länder unter www.auswaertiges-amt.de.

Sicherheit

Eine Reise durch die Länder Zentralasiens ist grundsätzlich nicht gefährlich. Grenzpolizisten könnten in Versuchung geraten, nach einem kleinen Bestechungsgeld oder der schicken Sonnenbrille zu fragen. Mit deutschem(!) Red Bull und ein paar Späßen fängt man sie aber nahezu alle ein. Die Aseris – so nennt man die Einwohner – versuchen ganz gerne, den Touristen etwas mehr Geld aus der Tasche zu ziehen als üblich gewesen wäre. In Tadschikistan gab es in der Vergangenheit leider gezielt religiös motivierte Anschläge auf Touristen. Dem beugt man bestenfalls vor, indem man sich von Menschenansammlungen fernhält. Eine solche Reise setzt ein gewisses Maß an Abenteuerfreude voraus und sollte gut vorbereitet sein. Wer den unterschiedlichen Gegebenheiten mit Respekt, Humor und einer Prise Gelassenheit begegnet, wird mit unvorstellbarer Gastfreundschaft und Offenheit begrüßt.

Sonstiges

In Usbekistan wird fast ausschließlich mit Gas gefahren. Benzin findet man hin und wieder, Diesel dagegen kaum. Entsprechend sollte man jede Stelle nutzen, um seinen Tank wieder aufzufüllen.
Weil die Dieselqualität nicht unbedingt gewährleistet werden kann, nimmt man sicherheitshalber zusätzlich einen Ersatzfilter mit.
Geld lässt sich in allen größeren Ortschaften an Automaten abheben. Zusätzlich sollte man ein paar Dollar mitnehmen, die fast überall angenommen werden.
Wer über den Pamir-Highway fahren möchte, sollte sich bei der Anreise über Kirgisistan Zeit lassen, sonst kann einem die Höhenkrankheit schwer zu schaffen machen. Idealerweise fährt man über den flacheren Anstieg im Süden und gewöhnt seinen Körper langsam an die Höhe.

> Man stelle sich eine überschwemmte Schweiz vor, bei der nur noch die Berggipfel aus dem Wasser schauen. So bekommt man eine Ahnung davon, wie es auf den Lofoten aussieht. Auf Einladung von VW-Nutzfahrzeuge habe ich beim Wintercamping auf den Inseln vor Norwegens Küste ein tolles Land kennengelernt.
>
> Text: **Michael Scheler**
> Fotos: **Michael Scheler, Achim Hartmann**

Verschneite Gipfel im tiefblauen Meer

Versunkene Schweiz

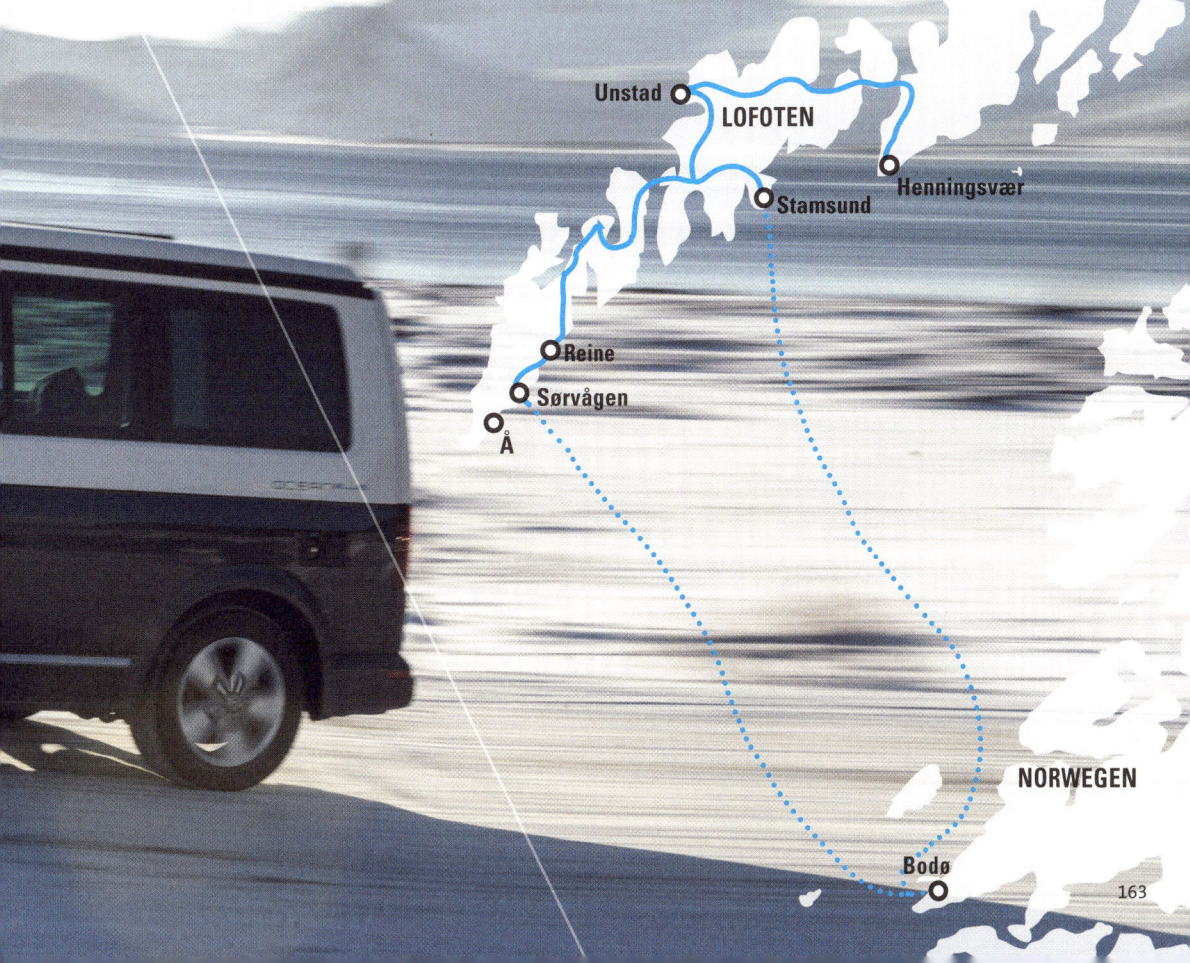

Unstad
LOFOTEN
Stamsund
Henningsvær
Reine
Sørvågen
Å
NORWEGEN
Bodø

START

Fahrzeug
VW-Bus T6 4Motion mit California-Reiseausbau.

Die schneebedeckten Gipfel und das tiefblaue Wasser bilden einen atemberaubenden Kontrast.

Glück gehabt, auf die Fähren der Hurtigruten passen nur Fahrzeuge bis zu einer Höhe von 2,3 Metern.

Als Redakteur zu arbeiten heißt, dass man viel Zeit vor dem Rechner verbringt. Inhalte für das nächste Heft festlegen, Seitenplan erstellen, Texte schreiben oder redigieren, Bilder auswählen, Mails schreiben und so weiter. Das gilt leider auch für Redakteure eines Geländewagen-Magazins. Aber es gibt zum Glück immer wieder Lichtblicke. Fototermine, Offroad-Veranstaltungen, Allrad-Messen oder Presseinladungen der Hersteller. Nach einem langen Winter ohne viele Außentermine war die VW-Einladung zu einer Wintercamping-Tour mit dem Allrad-Bulli auf den Lofoten daher mehr als willkommen.

Die Schiffe der Hurtigruten (die schnelle Route) verkehren seit 1893 an der Westküste Norwegens. Die Trollfjord wurde 2002 als Postschiff in Dienst gestellt.

Die Schiffsflagge mit dem Postwappen in der Mitte.

Das Postwappen findet sich noch heute in der Flagge an Bord. Heute sind sie als Kombination aus Fracht-, Passagier- und Kreuzfahrschiff unterwegs und nehmen auch Autos an Bord. Allerdings passt bei weitem nicht jedes Reisemobil in den Bauch des Schiffes.

Als wir ankommen ist es schon dunkel.

Å, der Ort mit dem kürzesten Namen der Welt.

Das Licht auf den Lofoten ist perfekt für Fotografen.

Um diese Jahreszeit sind dort wenig bis keine Touristen zu finden. Unser kleiner Pressetrupp hat die atemberaubende Landschaft also fast für sich allein. Im Sommer sieht das anders aus. Dann sind die Campingplätze voll, und auch einsame Plätze für eine Kaffeepause neben dem Camper werden rar. Außerdem präsentieren sich die etwa 80 Inseln, die 100 bis 300 Kilometer nördlich des Polarkreises vor der Küste Norwegens im Atlantik liegen, mit der zu dieser Jahreszeit tief stehenden Sonne in bestem Fotolicht.

Um auf die Inseln zu kommen, setzen wir von der Hafenstadt Bodø aus mit einem Schiff der Hurtigrouten über. Ehemals als Postschifflinie gegründet, legen die Schiffe schon seit 1904 hier an.

Das mögliche Maximum liegt bei 6,5 Metern Länge, 2,45 Metern Breite und 2,3 Metern Höhe. Auch ein VW Bus passt nur rein, wenn er kein Hochdach hat.

Als wir auf den Lofoten ankommen, ist es bereits dunkel. Wir fahren auf direktem Weg zu unserem Übernachtungsplatz. Dort steigen wir ungläubig staunend aus den Fahrzeugen. Leicht mäandernd zieht sich ein schmales Band über den gesamten Himmel. Das sanfte Grün wird intensiver, das Band breiter, es dehnt sich aus und beginnt zu tanzen. An den Rändern brechen sich die Farben und beginnen in einem breiten Spektrum hin und her zu springen. Der sternenklare Himmel bietet uns fast die ganze Nacht ein Naturschauspiel der Extraklasse: die Nord-

Am Strand bei eisigen Temperaturen und unter Nordlichtern zu grillen erlebt man auch nicht alle Tage.

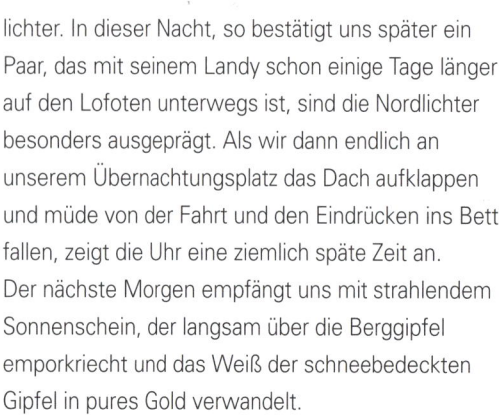

Dank Standheizung war die Nacht nicht kalt.

Das Wikinger-Museum im wiederaufgebauten Langhaus.

lichter. In dieser Nacht, so bestätigt uns später ein Paar, das mit seinem Landy schon einige Tage länger auf den Lofoten unterwegs ist, sind die Nordlichter besonders ausgeprägt. Als wir dann endlich an unserem Übernachtungsplatz das Dach aufklappen und müde von der Fahrt und den Eindrücken ins Bett fallen, zeigt die Uhr eine ziemlich späte Zeit an.
Der nächste Morgen empfängt uns mit strahlendem Sonnenschein, der langsam über die Berggipfel emporkriecht und das Weiß der schneebedeckten Gipfel in pures Gold verwandelt.
Als ob das nicht schon allein reichen würde, zeigt sich die Natur ganz und gar nicht geizig und präsentiert ein tiefblaues Meer und einen Himmel in einem anderen, intensiven, aber dazu harmonierenden Blauton. So außergewöhnlich die letzte Nacht endete, so atemberaubend fängt der neue Tag an.
Tief beeindruckt von dieser Kulisse brechen wir zu unserem ersten Tagesziel auf: dem Lofotr Vikingmuseum in Borg. Hier wurde in den 1980er Jahren eine Siedlung ausgegraben, die vom 2. Jahrhundert nach Christus bis ins 15. Jahrhundert bestand. In der Wikingerzeit von 793 bis 1066 nach Christus soll es dort mindestens 115 Höfe mit 1800 Bewohnern gegeben haben. Das beeindruckendste Bauwerk ist das wieder aufgebaute Langhaus. Zunächst 55 Me-

Der Fischerort Henningsvær mit seinen gut 500 Einwohnern ist erst seit 1983 über zwei Brücken mit dem Auto erreichbar.

Vor den Lofoten gibt es reiche Fischgründe, ...

... in denen Kabeljau (Dorsch) gefangen wird, ...

ter lang, wurde es später auf 83 Meter erweitert. Hier lässt sich das Leben der Wikinger nicht nur studieren, sondern auf den jährlich stattfindenden Wikinger-Festivals auch selbst erleben. Wir fahren weiter nach Henningsvær. Der kleine Fischerort liegt auf zwei kleinen, vorgelagerten Inseln und ist nur per Schiff oder über Brücken erreichbar. Von Mitte Februar bis weit in den April ist hier Hochsaison. Zu dieser Zeit kommt der Kabeljau zu Millionen in die Gewässer, um sich fortzupflanzen. Die Fischer nutzen die Zeit, um ihre gesetzlich festgelegten Fangquoten reinzuholen. Der ausgenommene Fisch wird an der Luft getrocknet und später weltweit verschickt. Wer sein

... und später luftgetrocknet in die ganze Welt verschickt wird.

Glück selbst versuchen will, kann mit den Fischern hinausfahren und die Angel ins Wasser werfen. Der Erfolg ist (fast) garantiert.

Wir lassen uns weiter über die Inseln treiben, staunen bei jeder Bucht aufs Neue über die Schönheit der Landschaft und halten manchmal alle 100 Meter an, um Fotos zu schießen. Diese Bergwelt, die sich direkt aus dem Wasser erhebt, bietet hinter jeder Kurve neue Motive, und die Berggipfel in der Ferne scheinen nie aufzuhören. Immer wieder tauchen neue Felsmassive auf, die jetzt um diese Jahreszeit teilweise tief verschneit sind.

Wir essen gegrillten oder gebratenen Fisch, der direkt aus dem Meer kommt und sind uns sicher: besser schmeckt er nirgendwo. Wir nehmen verschneite Pisten unter die Räder. Wir genießen in kleinen Häfen die vollkommene Ruhe und in kleinen Hafencafés zuckersüßes, mit Zimt gewürztes Hefegebäck. Wir lassen uns gegen Abend von der Stimmung des Lichts verzaubern und warten jeden Moment darauf, dass ein Wikingerschiff anlegt oder Fabelwesen einer längst vergangenen Welt aus dem Meer auftauchen. Wir würden gerne länger bleiben. Aber irgendwann kommen wir in Moskenes an, wo wir eine letzte Nacht verbringen, bevor es früh morgens auf das Schiff zurück nach Bodø geht. Diesmal ein ganz normales Fährschiff, bei dem auch ausgewachsene LKW in den Bauch passen.

Als ich wieder zu Hause bin, bin ich mir sicher, dass dies nicht meine letzte Reise auf diese wunderschönen Inseln gewesen sein wird. Dann wird sie aber definitiv länger dauern, denn es gibt dort noch so viel zu entdecken.

Der gegrillte Fisch kommt direkt aus dem Meer

Tipps

Einreise
Für Europäer besteht keine Visumpflicht. Einschlägige Dokumente wie Personalausweis oder ein gültiger Reisepass reichen aus. Für das Fahrzeug sollte man eine grüne Versicherungskarte dabeihaben.

Fahrzeug
Im Winter wird in Norwegen, wie in ganz Skandinavien, generell mit Spikes gefahren. Die Straßen werden zwar geräumt, dennoch sind sie generell mit einer Eisschicht überzogen. Für das eigene Fahrzeug kann man bei Reifenwerkstätten und an den Fährhäfen Spike-Reifen für den Urlaub mieten, was man auch machen sollte. Die Kosten halten sich in Grenzen.

Fotografieren
Gerade im Winter, wenn auch noch die Sonne scheint, bieten die Lofoten Fotomotive im Überfluss. Da sie um diese Jahreszeit tief steht, hat man ideales Fotolicht. Will man die Nordlichter aufnehmen, sollte man allerdings unbedingt ein Stativ dabeihaben. Wegen der langen Belichtungszeiten lassen sich die Bilder nicht aus der Hand schießen, selbst wenn man die Kamera aufstützt. Auch das Handy ist für schöne Nordlichter-Aufnahmen eher ungeeignet.

Klima & Reisezeit
Die Lofoten liegen im Golfstrom, der das Klima und die Temperaturen auf den Lofoten bestimmt. Im Winter fällt die Temperatur kaum unter null Grad. Im Sommer herrscht eine durchschnittliche Temperatur um die zwölf Grad. Es kann aber auch bis 30 Grad warm werden. Im Sommer sind die Lofoten touristisch überlaufen. Wer die schöne Landschaft für sich haben will, fährt im Spätwinter oder Frühjahr.

Wikingermuseum und Fest & Allgemeine Infos
www.lofotr.no
www.lofoten-online.de

Die Gegend um den Assietta-Pass durchzieht, neben der Assietta-Kammstraße, ein Geflecht aus weiteren abenteuerlichen Pisten und Schotterstraßen. Sie sind nicht nur ein Eldorado für Geländewagenfahrer, sondern bieten auch Mountainbikern spannende Strecken mit tollem Ausblick. Martin Zink und Ralf Wilke waren mit dem Pickup-Camper und ihren Bikes in der Bergwelt der italienischen Region Piemont unterwegs.

Text & Fotos: **Martin Zink & Ralf Wilke**

Unterwegs auf zwei und vier Rädern

Grenz-Erfahrungen

SCHWEIZ

SAVOIE

Lac Cenis

FRANKREICH

PIEMONT

Susa

Savona

> **Fahrzeug**
>
> Toyota Hilux mit Ironman-Fahrwerk, 50-Millimeter-Bodylift, MT-Bereifung, Kotflügel-Verbreiterungen, Stahlstoßstange mit Seilwinden, Unterfahrschutz, Schnorchel & Canopy-Camper-Aufbau mit Fahrradträgerbau.

In der Grenzregion zwischen Italien und Frankreich gibt es unzählige Wege für Offroader und Mountainbiker.

D ie Aussicht ist phantastisch, das Panorama atemberaubend. Der Blick schweift über grüne Wiesen, einige Steilhänge, in der Umgebung zeichnen sich die Dreitausender und die Nachbartäler ab. Die Augen verlieren sich im Verlauf des geschotterten Weges. Es wird noch eine Weile so weitergehen, hier auf der Assietta-Kammstraße. Man könnte meinen, der Weg wurde zu touristischen Zwecken in den Berg getrieben. Doch weit gefehlt. Der Grund, warum es hier im italienischen Piemont ein weit verzweigtes Wegenetz gibt, heißt Krieg!

1747 trafen am Colle dell'Assietta die Truppen Frankreichs auf die des Königreichs Piemont-Sardinien. Der Nachschub musste rollen, Reserven herangekarrt werden, Pferdefuhrwerke und Kavallerie beweglich bleiben.

Die ganze Gegend ist gepflastert mit alten Festungen. Die Grenzen wurden früher stark gesichert.

Schon in dieser Zeit entstanden die ersten Militärwege in dieser schönen und beschaulichen Bergwelt. Rund 160 Jahre später, die Europäer standen kurz vor dem ersten Weltkrieg, überspannte bereits ein Netz von Bergfestungen das Gebiet. Man traute seinen französischen Nachbarn hier ebenso wenig wie

Hier bekommt man auch mal nasse Füße. Manche Pfade führen direkt durch kleine und größere Bergbäche.

Österreich-Ungarn weiter östlich. Alle Seiten errichteten jeweils befestigte Grenzanlagen und Kasernen in teilweise schwindelerregenden Höhen. Mal mehr, mal weniger gut waren die Anlagen miteinander verbunden. Zu jeder der Kasematten und Bunker musste die Versorgung sichergestellt sein. Daher rangen die Pioniere der Natur regelrecht einen Zugang ab. Tunnel, Natursteinmauern und abenteuerliche Streckenverläufe sind so entstanden. Vom Städtchen Susa aus und dem Susatal lassen sich darauf tolle Ausflüge unternehmen. Egal, ob man einen Tag lang ein kleines Abenteuer sucht oder atemberaubende Bergwelten zu zwei- oder mehrtägigen Touren verbinden will. Besagte Strada dell'Assietta windet sich kilometerweit über den Gebirgskamm. Je nachdem, welchen Anfahrtsweg man benutzt, kann man ihr rund 60 Kilometer folgen, begleitet von einmaligen Ausblicken in die Welt der Berge. Wasserläufe queren den Weg, überall auf den Wiesen weiden Rinder. Bergidylle pur. Immer wieder stoßen wir auf Spuren der bewegten Geschichte, welche heutzutage lebendig dokumentiert wird. Beklemmend sind die Kasematten, die teilweise noch erkundet werden können. Kaum vorstellbar, unter welchen Bedingungen die Besatzung dieser Forts hier lebten. Heute bieten die Ruinen und Mauern einen geschützten Zelt- oder Biwakplatz. Im Einzugsgebiet der Assietta liegt auch das Refugio Selleries, wo rustikal übernachtet werden kann. Die Kammstraße belohnt den Biker nach knackigen Anstiegen mit herrlichen Aussichten, etwa auf das Pelvoux-Massiv, den Mont Chaberton sowie hinunter ins Chisone-Tal. Es gibt hier viele lohnenswerte Abstecher, wie zum Beispiel der am Scheitel des Colle dell'Assietta, wo nach Osten die Strada del Gran Serin zum Gipfelfort auf dem Gran Serin abzweigt.

Verbindungen nutzen

Klangvolle Namen hat es viele in dieser Kante des Piemont. Leuchtende Augen bekommen Offroad- und Enduro-Fahrer, wenn der Colle Sommeiller ins Spiel kommt. Es ist nämlich derzeit der höchste Punkt in den Alpen, der legal mit einem Kraftfahrzeug erreicht werden kann, weswegen hier im Sommer auch viele Motorräder und Geländewagen unterwegs sind.

Für uns besteht in dem insgesamt rund 50 Kilometer langen Abschnitt eine besondere Herausforderung, denn Steinschlag und Auswaschungen legen uns bisweilen den einen oder anderen Brocken in den Weg. Der teils steile Aufstieg lohnt sich schon alleine wegen der tollen Wasserläufe und -fälle. Das Gestein ist im Sommeiller-Gebiet außergewöhnlich gefärbt und übt so einen besonderen Reiz aus. Oben angekommen, markiert auf einem Hochplateau ein Holzzaun die Grenze zu Frankreich. Fahnenstangen zeugen von den erfolgreichen Ankünften der motorisierten Fraktion, für die die Befahrung des Colle Sommeiller ebenso herausfordernd ist. Hier oben auf 3050 Metern wird man mit einer überwältigenden Aussicht auf den Gletscher und den nahegelegenen Bergsee belohnt. Einziger Wermutstropfen dieses Abstechers ist, dass man denselben Weg zurück nutzen muss. Trost, wer ihn deswegen braucht, findet ihn und einen leckeren Imbiss im Rifugio Scarfiotti. Schlafen könnte man hier auch.

Nicht weniger spannend ist die Tour auf den Monte Jafferau, auf dessen Gipfel sich eine herrliche Aussicht auf das ganze Susatal und die umliegende Bergwelt bietet. Interessant ist die Route auch deshalb, weil sie sich von Bardoneccia aus zu einem Rundkurs gestalten lässt. Das Fort Foens lädt ein, die Nacht im Schatten der Bruchsteinmauern zu verbringen und die beschriebene Aussicht im Morgenlicht zu genießen. Einfach fantastisch! Auf dem Gipfel des Jafferau sind ebenfalls Ruinen einer Festung zu finden, deren Dach

Hier zu biken ist einfach fantastisch!

Die Schilder sollte man ernst nehmen. Sind die Pässe geschlossen, ist kein Durchkommen.

gerne als Aussichtspunkt genutzt wird. Wir blicken wieder auf den allgegenwärtigen Mont Chaberton (3136 Meter) und die Assietta-Kammstraße, die zum Greifen nahe wirken. Bis vor wenigen Jahren war hier oben Schluss. Inzwischen geht es hinter den Mauern abwärts in ein neu angelegtes Skigebiet. Die Abfahrt hat es in sich, da die Wege teils sehr ausgewaschen und holprig sein können. Der tiefer gelegene Ferienort Sauze d'Oulx ist im Sommer nahezu ausgestorben.

Rund um den Mont Cenis

Von Susa aus gut erreichbar ist der Monte Cenisio, wie die Italiener den Mont Cenis auf der französischen Seite nennen. Vorbei am Lac de Roterel finden wir den Versorgungsweg für einige Festungen rund um den Mont Cenis. Mit der Hauptverkehrsstraße oft in Sichtweite führt uns die Schotterpiste an das Südufer des Lac du Mont Cenis, ausgehend vom italienischen Bar Cenisio. Der Untergrund der Piste ist stellenweise recht grob und ziemlich ausgewaschen, jedoch sind die Wege um den Lac de Roterel bautechnisch wegen der hohen Stützmauern sehr interessant.

Viele Wege sind hier legal mit dem Auto befahrbar. Um künftige Verbote zu vermeiden, sollte man sich daran halten auch nur dort zu fahren.

Lohnende Abstecher sind die am Lac du Mont Cenis abzweigenden Pisten zum Mont Malamot und zum Fort de Pattacreuse.

Rein optisch merkt man den Grenzübertritt kaum, außer dass die Beschilderungen nun in französischer Sprache verfasst sind. Eine Festungsanlage, das Fort de Variselle, gibt es auch hier. Die Baumeister waren aus Italien, die Anlage diente der Grenzsicherung und liegt oberhalb des Westendes der Staumauer des Lac du Mont Cenis. Die gut erhaltene Anlage und die herrliche Aussicht sind unbedingt den Anstieg zu Fuß wert. Den Stausee umrunden kann man mit dem Bike auf einer geschotterten Piste, die uns zum Col du Petit Mont Cenis und zurück zum Lac Roterel bringt.

Die Westalpen – immer eine Reise wert

Alle Routen der Gegend zu beschreiben würde

Italien

Das Kochen am Lagerfeuer gehört dazu.

Zwischendurch wird das Navi aufgeladen.

Bücher füllen, was etliche Autoren auch schon getan haben. Wen es in diese herrliche Gegend zieht, findet in der Literatur und im Internet zahllose Tipps, Beschreibungen und Hinweise. Sie lassen sich mittels guten Kartenmaterials locker verbinden und sind für Reisende leicht einzuschätzen. Die Gegend zieht motorisierte Offroader magisch an, da sich hier einige der wenigen noch legal befahrbaren Pisten befinden. Darum finden sich für die Freunde der GPS-Navigation etliche Routen mit Wegpunkten auf den Seiten der Enduristen und Jeep-Fahrer, die sich problemlos in ein Navi übertragen lassen.

Neben der Bergwelt ist es die italienische Gastfreundschaft und die französische Lebensart, die sich hier sympathisch vermischen. Offroad-Abenteuer gibt es in den Westalpen viele zu erleben und zu entdecken. Wer es gediegen mag, dem sei zum Beispiel der Campingplatz Gran Bosco nahe Salbertrand als Ausgangspunkt für Touren empfohlen. Als Etappenziele können Bergdörfer wie zum Beispiel Rochmolles am Einstieg zum Colle de Sommeiller oder die Refugios in den Bergen dienen. In den Tälern bieten Bauernhöfe rustikale Schlafplätze mit Frühstück an.

So sind die kriegerischen Zeiten in den Westalpen Vergangenheit, die alten Wege erzählen aber noch ihre bewegende Geschichte. Was ein Krieg anrichtet, lässt sich hier geradezu anfassen. Bisweilen erwischt man sich jedoch dabei, dass man ihm – wenn überhaupt – auch etwas Gutes abgewinnen kann: Das Wegenetz mit seinen tollen Aussichten und kleinen Abenteuern gäbe es ohne ihn wohl so nicht. Genießen wir die friedliche Stimmung, die hier oben heutzutage herrscht.

Manche Bergdörfer liegen ganz versteckt in einem Tal.

Im Schutz der alten Mauern lässt es sich gut übernachten.

Tipps

Klima & Reisezeit

Das Piemont ist die zweitgrößte Region Italiens. Grundsätzlich unterteilt sich diese in drei landschaftliche Abschnitte mit Bergen, Hügeln und Ebene. Interessant für ambitionierte Biker ist die Alpenregion, wo mehrere Gipfel sogar die 4000er-Marke knacken. Daher kann es im Winter lausig kalt werden, jedoch sind viele Pässe schon ab etwa Ende Mai befahrbar. Es kann aber immer zu Wetterumstürzen kommen. Will man für seine Reise vor Überraschungen weitestgehend sicher sein, so wählt man seinen Aufenthalt zwischen Mitte Juni und Ende September. Oft werden die alten Wege nur notdürftig instandgehalten, sodass man mitunter auch mal einen Erdrutsch überwinden muss. Aufziehender Nebel kann rasch die Orientierung erschweren. Weiterhin ist zu jeder Jahreszeit mit den für Gebirgsregionen typischen Wetterkapriolen zu rechnen.

Anreise und Unterkunft

Italien ist bekanntermaßen gut mit dem Auto zu erreichen. Je nach Anreise fallen in Österreich, in der Schweiz, Frankreich und in Italien selbst Autobahngebühren an. Ein nicht unerheblicher Faktor für die Reisekasse. Bardonecchia bietet einen guten Endpunkt für die Anreise, um die beschriebene Tour anzutreten. Wer kann, der sollte mit Dachzelt oder Ähnlichem unterwegs sein, um vor Ort die ausreichend vorhandenen Campingplätze zu nutzen. Wählbar je nach bevorzugtem Ausgangspunkt. Hotels und Pensionen sind ebenfalls vorhanden. Empfehlenswert sind Unterkünfte auf Bauernhöfen der Region, oft mit Familienanschluss. Agriturismo.it gibt einen guten Überblick der Höfe mit Pensionsbetrieb.

Land & Leute

Die Region unter der Bezeichnung Piemont existiert in ihrer heutigen Form erst seit den 1970er Jahren. In der Geschichte war das Gebiet oft Schauplatz kriegerischer Auseinandersetzungen, wovon vor allem die aus der Zeit vor und bis zum ersten Weltkrieg erbauten Festungsanlagen zeugen. Lange Zeit stand der Landstrich unter Herrschaft der Savoyen und wurde französisch geprägt. Daher klingen einige Ortsnamen auch heute noch wenig italienisch. Doch die Bewohner sind aus unserer Sicht ganz sicher Italiener, inklusive der typischen Gelassenheit und Gastfreundschaft. Ältere Menschen sprechen kein Englisch oder gar Deutsch. Jüngere sprechen in der Regel gut Englisch, mit Französisch kommt man wegen der nahen Grenze ebenfalls weiter. Es gibt regionale Dialekte, die bis heute gepflegt werden.

Infrastruktur

Die Bedeutung des Tourismus hat in den letzten Jahren zugenommen. So finden sich vor allem für Wintersportler zahllose Möglichkeiten, bevorzugt im Susatal, wo bei Sestriere das Olympische Dorf der 20. Winterspiele im Jahre 2006 steht. Dieser und die Orte Claviere, Sauze d'Oulx, Cesana Torinese und Pragelato haben sich zum Skigebiet Via Lattea zusammengeschlossen. Sie bieten rund 400 Pistenkilometer. Im Sommer tummeln sich in den ansonsten fast ausgestorbenen Örtchen viel Mountainbiker, vor allem Downhill-Fahrer. Die Piemonteser sind radsportbegeistert, regelmäßig führt der Giro d'Italia durch die Region. Radreisende können die beschriebenen Militärstraßen und historischen Pfade gut zu Tages- und Mehrtagestouren nutzen. Bergdörfer laden unterwegs zum Verweilen und auch zum Essen ein. Berghütten (Refugios) sind eher selten, aber an den Einstiegen zu bekannten Routen finden sich meistens Bergrestaurants.

Gesundheit & Versorgung

In der EU gilt für Notfälle generell die 112 ohne Vorwahl, um Polizei oder Rettungsdienste zu alarmieren. Man erreicht über die 113 die Verkehrspolizei und mit 115 die Feuerwehr. Der Notarzt kommt unter der Nummer

118. Es empfiehlt sich, eine kleine Reiseapotheke mitzuführen, unerlässlich ist Verbandmaterial und Sonnenschutz. Ärzte und Apotheken findet man in der Regel in jedem größeren Ort, in den Bergdörfern ist dies nicht gewährleistet. Städte verfügen über Gesundheitszentren und Krankenhäuser. Besondere Impfungen sind für Italien und das Piemont nicht erforderlich.
Lebensmittel können in den Orten und auch beim Bauern erworben werden. Supermärkte und Einkaufszentren findet man wie bei uns zu Hause in der Peripherie der Städte. Die Öffnungszeiten unterscheiden sich teilweise stark.

Radreisen

Kleine Sträßchen, verschlungene und enge Bergstraßen mit zahllosen Kehren, Schotterpisten, Almwege sowie die berühmten Militärstrecken laden zum Radreisen ein. Der Lohn für die teilweise anstrengenden Anstiege sind atemberaubende Panoramen und einsame Fleckchen. Einmal an Höhe gewonnen, lässt es sich oft stundenlang bequem radeln. Je nach Wahl der Tour ist grundsätzliche Erfahrung mit losem Untergrund hilfreich. Robuste Reiseräder, Gravel-, Trekking- oder Mountainbikes sind zu bevorzugen. Hartgesottene sieht man die Pässe aber teilweise mit Rennrädern erklimmen. Letztere sind aber für ausgedehnte Touren im Piemont wenig geeignet, wegen der fehlenden Transportkapazitäten. Denn für's Bike-Packing ist die Region nämlich sehr empfehlenswert. So lassen sich die Touren durch die Täler, auf den Höhenwegen gut planen und durchführen. Wer höher hinaus will, kann seine Fahrten zur Mountainbike-Tour ausbauen. Fahrradfachgeschäfte finden sich in den Ortschaften, im Susatal sind auch Verleihstationen für Bikes ansässig.

Literatur

Im Handel sind zahlreiche Wanderführer und Kartenmaterial in verschiedensten Maßstäben erhältlich. Ebenso finden sich dort auch Radreiseführer, welche man sich jedoch genau anschauen sollte, um den jeweils richtigen für sich und seine Vorlieben zu finden.

Pistenkuh GPS-Offroad-Reiseführer Westalpen / Gardasee
Pistenkuh Offroad Impressionen Westalpen – DVD
Denzel Großer Alpenstraßenführer

Eine Offroad-Reise darf zwischendurch auch mal über asphaltierte Straßen führen. Dorothee Schumacher und Wolfgang Grob hat es mit ihrem Defender auf dieser Tour zur Abwechslung nicht ins sonnige Afrika verschlagen, sondern ins regnerische Schottland. Ihre Tour führte sie über den Malt Whisky Trail und zur »North-Coast-500-Route«.

Text: **Wolfgang Grob**
Fotos: **Dorothee Schumacher**

Auf der Suche nach dem guten Geschmack

START

> **Fahrzeug**
>
> Land Rover Defender 110 mit Unterfahrschutzplatten, 270°-Foxwing-Markise, abklappbaren Sandblechen als Basis für die Außenküche & Schlafhubdach mit seitlich abklappbarem Zölzer-Sherpa-Kajakträger. Innenausbau mit Sitzgruppe, Kühltruhe und Schrank mit Staufächern.

Der Sandstrand von Bamburgh lädt zum Baden ein ...

... oder zum wilden Ritt über den Sand.
Wir pausieren am Damm von Lindisfarne.

W ir stehen in den Dünen des langen, breiten Sandstrandes, der sich entlang der Nordostküste Englands in Northumbrien erstreckt. Eine Gruppe Reiter galoppiert den Strand entlang. Die Wellen brechen sich am Strand, und die Ebbe gibt immer mehr des in der Sonne glitzernden Sandes frei. Vor uns erheben sich auf einem vorgeschobenen Granitfelsen die scheinbar unbezwingbaren breiten Steinmauern von Bamburgh. In den von mir verschlungenen Romanen von Bernard Cornwell war »Bebbanburg« die Heimat von Uhtred aus der gleichnamigen Helden-Saga. Schräg gegenüber taucht in einigen Meilen Entfernung die Silhouette von Holy-Island auf. Im Geiste erscheinen mir mehrere schwerelos auf dem Wasser schwebende Drachenbootschiffe, deren Ruder im Takt die Wellen teilen und mit gewölbten Segeln Kurs auf die heutigen Ruinen des Klosters Lindisfarne nehmen.

Schottland

Vor zwei Tagen sind wir in Hull mit der Nachtfähre angekommen, nachdem wir im Überseehafen von Rotterdam ohne Wartezeit direkt auf die Fähre fahren und abends bei einem Musicalmix in der Schiffsbar relaxen konnten. Am nächsten Morgen schlendern wir nach gerade einer Stunde Autofahrt durch die Shambles Gasse in York. In der »Shambles Gasse« wurde im Mittelalter vor allem Fleisch verkauft. Dreck und Gestank sollen hier das Stadtbild geprägt haben. Heute ist sie ein malerischer Touristenmagnet für Harry Potter Fans, da ihre windschiefen Häuserfronten als Vorlage für die »Winkelgasse« dienten. Im Jorvik Viking Centre begegnet uns dann noch einmal die Vergangenheit. Sehen, Riechen, Fühlen ist das Konzept dieses Museums, und wir tauchen in die Vergangenheit der einst größten Wikingersiedlung der britischen Insel ein.

Sonst gibt es vielleicht nicht nur nasse Füße.

Die Shambles Gasse in York.

Im Jahre 793 überfielen und plünderten Wikinger das Kloster Lindisfarne. Ein Angriff, der historisch als Beginn der Wikingerraubzüge gewertet wird. Zur »heiligen Insel« Lindisfarne führt ein Damm, der nur bei Ebbe befahren werden kann. Ein Warnschild weist uns klar darauf hin, die Rückfahrt nicht zu spät anzutreten. Mit der Flut wird der Damm überflutet. Aber momentan bietet der feste Wattboden eine »artgerechte« Wegstrecke für unseren Landy.

Bei der Suche nach einem Campingareal in Edinburgh treffen wir am späten Nachmittag auf die erste zottelige Hochlandrinderfamilie. Mit ihrer Stirnfransenmähne beobachtet sie uns zunächst neugierig. Doch schon bald sind die Kälber wieder im Spiel vertieft. Die erste Tagesetappe klingt mit einem Gin-Tonic aus. Der morgige Stadtbummel in Schottlands Metropole ist ein Muss. Auf dem Besichtigungsprogramm befindet sich auch die »Rosslyn

Hochlandrinder sind das vorherrschende Weidevieh.

Die Forth Bridge ist Weltkulturerbe.

Die Rosslyn Chapel stammt aus dem 15. Jahrhundert.

Chapel«, eine der ältesten und mystischsten Kirchen Schottlands. Zahlreiche Theorien, Geschichten und Legenden ranken sich um diese Kapelle, von denen die Legenden weder endgültig belegt, aber eben auch nicht widerlegt worden sind. Zu Ruhm gelangte die Kapelle in der aufklärenden, den Gral findenden Schlussszene von Dan Browns Romans »Da Vinci Code« (Sakrileg). Schon vor Dan Browns Roman rankten sich Gerüchte über die Verbindung der wieder einmal von den Wikingern abstammenden und die Kapelle erbauenden Familie Sinclair (Saint Clair) mit den Freimaurern und Tempelrittern. Ob in der Kapelle also der Heilige Gral oder heilige Reliquien Maria Magdalenas verborgen sind, bleibt letztendlich der Phantasie des Besuchers überlassen.

Tags darauf geht es mit dem Landy weiter – »Go North«. Im »Mutterland« von Landrover begegnen uns auf der Reise zahlreiche »Defender«. In Schottland hat dieser klassische Geländewagen im normalen Alltag immer noch einen sehr hohen Gebrauchswert. Auch der kultige gegenseitige »Defenderfahrergruß« wird von den Schotten stolz erwidert. Die Süd-Nord-Verbindung in die schottischen Highlands könnte nicht beeindruckender sein. Der Fluss Forth wird hier von drei Brücken überspannt. Auf einer Felseninsel ruht der mittlere Pfeiler einer imposanten Stahlröhrengeflecht-Eisenbahnbrücke. 1889 galt die Forth Bridge als eines der modernsten Bauwerke ihrer Zeit und zeigte damals beeindruckend die Entwicklung Schottlands zu einem neuen Technik- und Wirtschaftszentrum des Britischen Empires. Auffrischender Wind und die eintretende Ebbe halten uns jedoch davon ab, den Grabner-Kajak aufzublasen und diese »Golden Gate Bridge Europas« vom Wasser aus zu bestaunen. Stattdessen gönnen wir uns ein schottisches Ale im gegenüberliegenden Pub.

Ein Pint zwischendurch?

Doch von nun an kitzelt uns eine würzige Seebrise in der Nase und wir meinen, bereits kunstvoll destillierten Single Malt Whisky zu schmecken.

Wir folgen dem Forth landeinwärts und erreichen die Stirling Bridge. Zur Abschottung vor den Pikten errichteten hier schon die Römer ihren Antoniuswall. Strategisch bildete Stirling dann später mit seinem Castle den entscheidenden Zugang nach Schottland. So wundert es nicht, dass entscheidende Schlachten, wie die Schlacht vor der Stirling Bridge und bei Bannockburn, hier stattgefunden haben. Der Stolz über die schottische Geschichte und die Freiheitskämpfe von William Wallace und Robert Bruce spiegelt sich in zahlreichen Castles, Monumenten und Statuen wider.

Über 1400 Castles und Schlösser soll es heute noch in Schottland geben. Viele davon sind Ruinen, die einem immer wieder in dieser wilden und ursprünglichen Landschaft begegnen.

Am Morgen prasselt wieder einmal der schottische ausgiebige Regen auf unser Landyhubdach. Ein Blick auf die Wetterkarte: Das Regenradar weist einen regenfreien, sonnigen Bereich an der schottischen Westküste auf. Wir entscheiden uns daher, nicht auf dem direkten Weg nach Inverness, zum Einstiegspunkt in die »North Coast 500«, zu fahren, sondern zuerst die touristisch weniger frequentierte Küstenregion über Dundee in Richtung Montrose anzusteuern. Tatsächlich entkommen wir den angekündigten Regenmassen. Die alte Islandregel »Plane deine Route nach dem Wetter« war wieder einmal erfolgreich.

In Montrose verlassen wir die Uferlandschaft und fahren quer durch die Highlands. Die Bergwelt wird immer bizarrer, und wir fühlen uns wie im hohen Norden Skandinaviens. Die Gegend ist baumlos, und zahlreiche Hochmoore verstärken die Unwegsamkeit dieser Gegend.

Die Route nach dem Wetter zu planen war eine gute Idee

Robert Bruce ...   ... und William Wallace.

In den Highlands findet man überall alte Burgen.

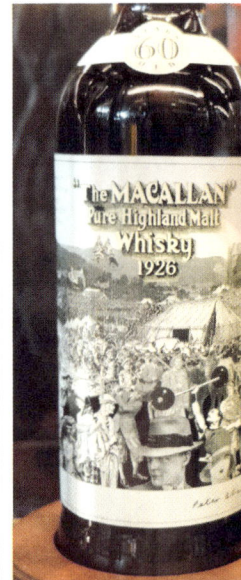

Wir sind auf dem richtigen Weg.

Fast schon 100 Jahre alt.

Schließlich weist uns ein Schild am Straßenrand darauf hin, dass wir den »Malt Whisky Trail« erreicht haben.

Zur Herstellung eines guten Whiskys benötigt man Moore, deren Torf für das Feuer zur Trocknung der Gerste sowie zur späteren Befeuerung der Öfen für die Destillation benötigt wird, und natürlich einen Fluss, der den benötigten Wasserbedarf deckt. Die Landschaft, die vor uns liegt, stellt die benötigten Zutaten ausreichend zur Verfügung. Schon im Mittelalter wurde Ale (Bier) gebraut. Findige Mönche kamen schließlich am Ende des 15. Jahrhunderts auf die Idee, das Ale mehrmals aufzukochen und den Brühendampf aufzufangen. Aus dem so destillierten Bier wurde auf diese Art das »Wasser des Lebens«: der Whisky. Der spätere Geschmack ergibt sich dann zum Beispiel durch langjährige Lagerung in Eichenfässern, in denen vorher Sherry gelagert wurde. Unser Besuch gilt der Macallan Destillerie, eine der ältesten lizensierten Whiskydestillerien Schottlands. Macallan Single Malt ist unter Sammlern hochbegehrt. Immer wieder erzielen limitierte Sonderabfüllungen Höchstpreise bei Auktionen. Die außergewöhnlich kleinen Brennblasen von Macallan findet man sogar abgebildet auf einer Zehnpfund-

Wir werfen einen Blick in Produktionshalle der Macallan-Destillerie.

In dieser Vitrine stehen nur die ganz edlen Tropfen.

note. Durch die kleinen Brennblasen und die kurze Destillierzeit soll ein größtmöglicher Kupferkontakt zu einem sehr reinen, weichen Alkohol mit reichhaltigem Aroma führen. Stolz werden wir von einem Guide im futuristischen Eingangsportal der Destillerie empfangen. Das Gebäude schmiegt sich mit seinem mit Gras bewachsenen kuppelförmigen Dach harmonisch in die hügelige Landschaft der Highlands ein. Es erwartet uns in einer Galerie die stolze museumsartige Zurschaustellung der historischen Entwicklung von etikettierten Macallan-Whiskyflaschen samt den zugehörigen, bis zu fast 200 Jahren alten Whiskys. Eines dieser Whiskyflaschenetiketten soll einst als Grundlage für ein Plattenlabel der Beatles gedient haben.

Entlang des Whisky-Trails reihen sich nun die Destillerien bis Elgin aneinander. Aus unserem geplanten Zwischenstopp in Hopeman an der Moray Coast werden letztendlich aufgrund der landschaftlichen Szenerie und des guten Wetters drei Übernachtungen. Von unserem Platz schauen wir auf eine kleine Badebucht mit angrenzendem Hafen. Die Bucht des Moray Firth geht ab Inverness in den Caledonian Canal über. Ebbe und Flut und der vorbeiziehende warme Golfstrom führen zu einem großen Fischbestand in der Bucht. Dies bildet eine gute Ernährungsgrundlage für Delphingruppierungen, die sich in der Bucht tummeln. Wir genießen das Zwischenhoch und die Sonnenuntergänge an dieser sonnenreichen Küste.
Die »North-Coast-500-Route« startet in Inverness. Diese Route ist die schottische Antwort auf die amerikanische Route 66. Über eine Entfernung von über 500 Meilen (800 Kilometer) führt sie entlang der schottischen Ost-, Nord- und Westküste, ehe sie wieder Inverness erreicht. Bei Inverness fand 1746 im Hochmoor von Culloden der letzte Freiheitskampf der vereinten schottischen Clans statt. Doch mit massiver Artillerie beendete die übermächtige Armee Londons die schottische Rebellion, und die Niederlage trifft danach auch die schottische Kultur. Für das nächste Jahrzehnt ist den Schotten das Dudelsackspielen und das Tragen von Kilts untersagt. In Erinnerung an die Gefallenen eines jeden Clans sind über das ehemalige Schlachtfeld Grabsteine in Form von Findlingen verteilt.

Eine Gedenktafel erinnert an die Schlacht von 1746 bei Culloden, die den Wendepunkt in der Geschichte Schottlands markiert und die letzte Schlacht auf dem Boden der britischen Inseln war.

Bei einer Reise auf der North Coast 500 zeigt sich das Wetter nicht nur von der besten Seite. Immer wieder kann es vom strahlenden Sonnenschein zu apokalyptischen schwarzen Wolken und Platzregen wechseln.
Doch beim Blick auf unsere Wetterkarte scheint es sich diesmal nicht um einen kurzen Platzregen zu handeln. Ein neues Tiefdruckgebiet droht mit ergie-

In der Bucht Moray Firth im Norden Schottlands wollen wir dem Sonnenuntergang zusehen.

Aus einer der typisch-englischen Telefonzellen rufen wir zu Hause an.

Eine bizarre Inselgruppierung im Loch Assynt. Ob es hier auch Seeungeheuer gibt?

bigen Regenfällen im Norden, und wir entscheiden uns zu einem erneuten Kurswechsel. Der äußerste Nordwesten Schottlands weist ein kleines Sonnenloch auf. Über die Höhen der Northwest Highlands und durch eine atemberaubende Landschaft müht sich der Landy vorbei an den bis fast 1000 Meter hohen »Bens« durch das Hochland.

Kurz hinter der Abfahrt von Ben Hope erreichen wir wieder die Küstenstraße bei Durness. Doch unser eigentliches Etappenziel liegt hinter Lochinver an der windumtosten Westküste. Die Straße führt zunächst zum Loch Assynt, ein Garant für malerische Fotomotive. Im See befinden sich fast surrealistisch anmutende, mit Bäumen bewachsene Inselgruppierungen, die zu einer Bilderbuchszenerie führen. Auf einer Halbinsel liegt vor einer Übernachtungsstelle die Ruine von Ardvreck Castle, die 1590 für den Clan der MacLeods erbaut wurde. Das ist Schottland in seiner puren Form. Doch der Höhepunkt folgt in Richtung Küste am Ende einer schmalen Single Road. Bei Achmelvich, einem der schönsten Sandstrände entlang der North Coast 500 Route, bauen wir unseren Landy mit Hubdach und Markise in der smaragdgrün glitzernden geschützten Bucht auf. Nicht weit entfernt liegt der malerische Hafen von Ullapool mit seinen gemütlichen Cafés und leckeren Fisch-Spezialitäten. Von hier aus gehen die Fähren zu den äußeren Hybriden. In Ardaroch verlängern wir

Von unserem Rastplatz aus haben wir einen guten Blick auf Ardvreck Castle.

die eigentliche Route der North Coast 500, um eines der meist fotografierten Castles in Schottland zu erreichen. Auf einer kleinen Insel im tidenabhängigen Watt des Loch Duichs thront das originalgetreu wiederaufgebaute Eilean Donan Castle. Malerisch führt eine kleine steinerne Bogenbrücke auf die Insel. Doch die Fähre nach Rotterdam wartet bereits in den nächsten Tagen auf uns. Vorbei an Fort William am Fuße des Ben Nevis, dem höchsten Berg Schottlands und Großbritanniens, durch das enge Tal des Glen Coes ist unser letztes Etappenziel der Loch Lomond. Wegen seiner zahlreichen Inseln gilt er als der schönste See Schottlands. An unserem letzten Tag in Schottland landen wir mit unserem Kajak auf der Insel Inchcailloch (»Insel der alten Frau«) und nehmen Abschied von Schottland. Unter unseren Füßen verläuft die Grenze, die die Lowlands von den Highlands trennt.

Schottland

Tipps

Reisezeit & Klima
Mai/Juni - und Oktober. Ab September bietet der »Indian Summer« einen besonders bunten Farbenmix in der Natur. Die ersten zwei Augustwochen sollte man meiden: Ganz Großbritannien und Schottland macht Urlaub und die meisten im eigenen Land. Schnell sind alle Unterkünfte voll und ausgebucht. Vor den Castles, Museen und Sehenswürdigkeiten bilden sich dann lange Besucherschlangen.

Camping
Sofern nicht im Naturschutzgebiet oder an ausgewiesenen verbotenen Plätzen, ist Freicampen geduldet. Zahlreiche Campingplätze bietet eine dem Wetter angepasste Infrastruktur.

Offroad-Routen
Bis auf Schottland gilt in ganz Großbritannien nach festgelegten Regeln das »Public Right of Way«, das z. B. das Befahren von sogenannten »Green Lanes« erlaubt. In Schottland gibt es keine offiziellen und auf Karten ausgezeichneten »Green Lanes«. Wer von Schottland, eine Reise nach Großbritannien anschließt, findet zahlreiche Green Lanes im Lake District. Interessierte, die die Regeln eines umweltgerechten Fahrens beachten, sind in Großbritannien in der Green Laning Association organisiert. Jeder kann dort Mitglied werden, mitarbeiten und sich einsetzen und natürlich die Informationen über legale Strecken erhalten.
In der Navigations-App »Locus-Pro« stehen für Großbritannien Ordnance-Survey Explorer Karten zur Verfügung, in denen alle offiziell befahrbaren Green Lanes verzeichnet sind.

Das Eilean Donan Castle liegt auf einer winzigen Gezeiteninsel und ist bei Flut nur über eine Brücke zu erreichen.

Highland Games
Highland Games sind ein besonderes Erlebnis in jedem Schottlandurlaub. Was ursprünglich dazu gedacht war, die besten Krieger des Clans für unterschiedliche Aufgaben zu finden, ist heute eine sportliche Veranstaltung. Zwischen Ende Mai und Mitte September sind die Games über ganz Schottland verteilt. Eine Karte mit allen Orten und Terminen findet man auf https://www.myhighlands.de.

Karten & weiterführende Literatur

Straßenatlas Philip's Navigator Scotland (Maßstab 1:100.000 und 1:200.000);

Scottisch Canoe Association: Scottisch Canoe Touring, SCA Canoe & Kajak Guide

GEO Epoche, Nr. 84/2017: Schottland. Die Geschichte hinter den Mythen, 2017

Der Sandstrand von Achmelvich ist nicht immer so menschenleer.

André Diekhoff hat mit seinem Sohn Tobias eine geführte Offroad-Tour durch das Pindos Gebirge im Norden Griechenlands gebucht. Das Level der Tour: anspruchsvoll. Genau das Richtige also für ihren modifizierten Jeep Wrangler.

Text : **André Diekhoff**
Fotos: **André Diekhoff, Daniela Bäumer**

Auf den Gipfeln des Pindos-Gebirges

Wenn der Vater mit dem Sohne ...

Korfu Ioannina **GRIECHENLAND**
Kalarites

START

Fahrzeug

Jeep Wrangler Rubicon JKU mit 3,5 Zoll-AEV-Premium-Fahrwerk, 315/75 R17-Cooper-STT-Reifen, Seilwinden-Stoßstange mit Warn-Seilwinde, Schnorchel und Red-Rock-Innenausbau.

Die Strecken sind genau das Richtige für echte Geländewagen.

Tobias freut sich, dass er hinter das Lenkrad darf, ...

Was gibt es für einen Vater schöneres, als mit seinem erwachsenen Sohn eine »Männer-Reise« zu unternehmen? Als Jeeper fällt einem die Antwort leicht: Natürlich eine Offroad-Reise! Schlammige Hänge bezwingen, die Winde surren lassen, abends am Lagerfeuer sitzen und irgendwann, erschöpft aber zufrieden, in den Schlafsack kriechen. So stellte ich mir das vor, und auch Tobias war von der Idee begeistert.

Und wofür hat man schließlich seinen Wrangler aufgerüstet, ein Fahrwerk eingebaut, große MTs montiert, eine Seilwinde auf die Windenstoßstange geschraubt und einen Schlafausbau in den Innenraum gebaut, wenn man mit dem Wagen nicht auch mal dort unterwegs ist, wofür er gebaut wurde? Aber wohin soll es gehen? Die Antwort kam von Red Rock Adventures, der Firma, von der auch der Schlafausbau in unserem Jeep stammt. Die Inhaber Daniela und Jörn Bäumer sind nicht nur selber Jeep-Fahrer, sondern haben sich auf Fahrzeugausbauten für den Wrangler und auf Offroad-Trainings, vor allem aber auf Reisen abseits befestigter Wege spezialisiert. Und da die beiden obendrein sympathisch sind, buchen wir kurzerhand eine der knackigeren Touren aus ihrem Reiseprogramm.

Der Weg ist verworfen und extrem schlammig. Immer wieder drehen die Räder durch und heulen die Mo-

Griechenland

Jörn Bäumer von Red Rocks (links) mit den griechischen Guides.

... ab und zu muss er sich jedoch zu Fuß durch den Schlamm kämpfen.

toren auf. Dennoch schaffen es die kräftigen Pferde unter den Hauben unserer Offroader kaum, ihre geballte Kraft in nennenswerten Vortrieb umzuwandeln. Und irgendwann ist es soweit: Selbst der letzte Trick, das Hin und Herdrehen des Lenkrads, während man verzweifelt Gas gibt, nutzt nichts mehr. Das erste Fahrzeug bleibt an einem leichten Anstieg stecken. Jetzt weiter mit den Rädern meterhohe Dreckfontänen in die Luft zu jagen und dem Schlamm das Fliegen beizubringen nutzt nichts. Es ginge nur noch weiter nach unten statt nach vorne. Die Räder würden sich weiter und weiter eingraben, den Karren aus dem sprichwörtlichen Dreck zu ziehen immer schwieriger.

Also aussteigen, Lage checken, kurz mit den anderen besprechen, Windenseil abziehen und an einem stabilen Punkt anschlagen. In diesem Fall ist es das vorausfahrende Fahrzeug, das besser durch die Sektion gekommen ist. Zum Glück, denn hier, weit oben in den Bergen, gibt es weit und breit keinen Baum, der uns als Ankerpunkt dienen könnte, dafür regnet es leicht, und die kalte Luft sorgt für klamme Finger. OK, wir wollten es so.

60 Prozent der griechischen Landmasse sind Gebirge, von kleinen Straßen und Pisten durchzogen, ein El-Dorado also für Overlander und Menschen, die gern abseits der ausgetretenen Pfade unterwegs sein wollen. Und das sind wir definitiv. Touristen und Rummel sucht man hier glücklicherweise vergebens. Unsere Rund-Tour durch das nördliche Pindos-Gebirge begann in Ioannina. Schon kurz hinter dem Ort ging es ins Gelände. Mittlerweile haben wir das verwunschene »warme Tal« mit seinem Bärenfluss, verlassene Dörfer, zum Teil zugewachsenen Strecken und mehrere spannen-

> Die kalte Luft sorgt für klamme Finger

Auf schmalen Wegen geht es als Kolonne durch die griechischen Berge ...

... oder durch Haine mit alten Olivenbäumen.

de Furten durch kristallklare Bergflüsschen hinter uns. Als irgendwo mitten im Wald ein umgestürzter Baum quer über den schmalen Waldweg lag, mussten wir sogar schon die Motorsäge auspacken, umfahren war unmöglich.

Solche Momente sind es auch, die die Gruppe zusammenschweißen. Momente, in denen jeder anpackt, Momente, aus denen einzelne Menschen zu einem Team werden, aus Fremden Freunde werden. Momente, in denen es völlig egal ist, von welcher Marke dein Geländewagen stammt, Hauptsache es ist ein Geländewagen und man erlebt zusammen ein Abenteuer.

Die Momente, wenn man dann abends mit einem Bier am Lagerfeuer sitzt und gemeinsam den Tag Revue passieren lässt, bleiben lange unvergesslich.
Mittlerweile haben wir die Schneegrenze erreicht. Der leichte Regen hat zum Glück aufgehört, und die Sonne wirft hier und da einen Blick durch die Wolken, um zuzuschauen, wie sich unsere kleine Gruppe Offroad-Verrückter durch die Schneereste des letzten Winters kämpft. Es ist faszinierend, wie sich die schon komplett schneefreien Flächen mit Stellen abwechseln, an denen immer noch eine dicke und pappige Schneedecke liegt. Wo die Sonne hinkommt,

Griechenland

Darf es auch etwas tiefer sein? Die Furt ist für den Wrangler ein Kinderspiel.

hat sie genug Kraft, den Schnee zu schmelzen, wo sie nicht hinkommt, ist es immer noch so kalt, dass kaum etwas wegschmilzt. Uns soll's recht sein, auch wenn wir schon wieder Windeseile abrollen müssen – oder gerade deshalb?

Da kommt es dann auch ganz gelegen, dass wir zwischendrin immer mal wieder eine Nacht im Hotel verbringen. Eine heiße Dusche, die den Dreck vom Körper und die Kälte aus den Knochen spült, ist doch immer wieder eine Wohltat, die nicht nur Väter zu schätzen wissen. In unserem Schlafausbau im Jeep lässt es sich zwar prima übernachten, aber duschen im Wrangler, dafür ist dann doch kein Platz.

Dieses kleine Manko macht der Jeep aber auf den Pisten und Tracks durch die griechische Bergwelt mehr als wett. Die Strecken durch die zerklüfteten Berge sind wirklich anspruchsvoll. Mit einem Serien-Offroader und Straßenreifen kommt man hier ohne fremde Hilfe nicht weit. Aber die Tour durch die griechischen Berge nahe der Grenze zu Albanien hat nicht nur reichlich spannende Offroad-Strecken zu bieten. Highlight ist wohl der Voio-Kamm. Von einer Felskante aus blickt man auf ein unglaubliches Panorama. Ein paar Tage später geht es tief hinunter. Die Vikos-Schlucht steht als tiefste Schlucht der Welt im Guiness Buch der Rekorde.

Erst ein Gruppenfoto am Gipfel und dann ...

... ab unter die wohlverdiente Dusche der Pension.

Umgestürzten Bäumen wird mit der Motorsäge zu Leibe gerückt.

Und immer wieder kommen die Seilwinden zum Einsatz. So muss das auf einer solchen Tour sein.

Weil in einem Schlauchboot auf einem reißenden Bergfluss ja auch irgendwie offroad ist, bleiben die Geländewagen für ein paar Stunden stehen. Wir zwängen uns in enge Neopren-Anzüge, stülpen Schwimmwesten über und nehmen auf den dicken Gummiwülsten des Schlauchboots Platz. Haben wir gestern noch eine gemütliche Rast an einem Flussufer gemacht, und mit den Füßen in dem träge dahingleitenden Flüsschen geplantscht, geht es hier richtig zur Sache. Immerhin kommen wir diesmal ganz ohne Seilwinde, Schaufel und Motorsäge aus.

Elf spannende Tage liegen hinter uns, als wir uns auf den Rückweg machen. Neun davon waren wir abseits der geteerten Straßen unterwegs. Wir haben immer wieder Luft aus den Reifen gelassen, um besseren Grip zu haben, haben Untersetzung und Sperren eingelegt, um durch schwierige Passagen zu kommen, die Seilwinde abgerollt, wenn wir steckengeblieben sind. Haben Schaufel, Säge und Axt gebraucht, um den Weg freizuräumen oder das Holz fürs Lagerfeuer zu spalten, an dem wir tolle Abende verbracht haben. Wir haben also alles erlebt, was wir uns vorgestellt haben. Aber wir haben noch mehr bekommen. Wir waren in einer tollen Gruppe unterwegs und haben neue Freunde gefunden. In jedem Fall aber war es natürlich für mich als Vater ein tolles Gefühl mit meinem Sohn zusammen unterwegs zu sein. Allein deswegen wird diese Tour unvergesslich bleiben.

Tipps

Tanken
In Nordgriechenland am besten bei jeder Gelegenheit, denn es gibt nicht so viele (Gelegenheiten).

Sehenswert
Traditonelle Brücken. Ganz oft versteckt neben den »Straßen« sind sie immer ein echter Hingucker mit zwei oder drei Bögen und eignen sich perfekt für eine gemütliche Mittagspause.

Einkaufen
In der Bergregion sind die Einkaufsmöglichkeiten mitunter beschränkt. Daher sollte vorab etwas Proviant gebunkert werden. Vor allem »Sonderwünsche« sind in den kleinen Bergläden nicht unbedingt erhältlich.

Touranbieter
Red Rock Adventures, www.reroad.de

Karten
Anavasi-Griechenland-Karten – verschiedene Straßen-, Wander-, Moutainbike- und Motorradkarten mit unterschiedlichen Maßstäben

2019 buchte mein weltreisender Bruder eine Tour durch Pakistan. Ein Land, aus dem wir hier meist nur wenig erfreuliche Nachrichten zu hören bekommen. Ein Land aber, das seine Schönheit und seine freundlichen Menschen bereitwillig denen zeigt, die sich aufmachen, es zu besuchen. Aber auch ein Land, das mit seinen hohen Bergen und abenteuerlichen Straßen, die hinauf- und auch wieder hinunterführen, an die eigenen Grenzen führen kann. Und eine Reise, die zeigt, dass man sich auf Abenteuer vorbereiten sollte.

Text & Fotos: Stephan Scheler

Auf dem Weg zur Märchenwiese

Am Rande des Abgrunds

Karimabad
AFGHANISTAN
Islamabad
Lahore
PAKISTAN
INDIEN

Pakistan

Fahrzeug
Reisebus & Mahindra mit teilweise abenteuerlichen und nicht ganz passenden Umbauten oder Reparaturen.

Die Bergketten Pakistans bieten eine geradezu traumhafte Aussicht auf die Dächer der Welt!

Hauptsache weg! Bitte ganz weit und so exotisch wie möglich. Da kommt einem Pakistan als Vorschlag gerade recht, wenn man mal wieder mit einem guten Freund verreisen will. Aber man sollte nie den Fehler machen, sich vor Antritt einer zweiwöchigen Tour nicht wenigstens kurz das Programm durchzulesen, das der auf ungewöhnliche Ziele spezialisierte Veranstalter zusammengestellt hat. Und als eine gute Woche vor unserem Abflug der Name »Märchenwiese« fällt, bin ich zwar durchaus entzückt, aber noch immer nicht neugierig genug, um mich im Vorfeld zumindest über ein paar ganz basale Dinge zu informieren. Vorläufig reicht mir der Hinweis, unbedingt auch warme Klamotten mitzunehmen.

Im Oktober friert man in Pakistan eigentlich nicht. Die Durchschnittstemperatur liegt bei molligen 30 Grad, und das ist normalerweise genau mein Wetter. Aber ich habe die Höhe nicht bedacht, und zwei Drittel unserer Zeit verbringen wir in den Bergen. Zumindest das hätte ich wissen können: Im Norden des Landes treffen Himalaya, Hindukusch und Karakorum zusammen, immerhin die drei höchsten Gebirgszüge der Erde. Es gibt weltweit nur vierzehn Berge, die über 8000

Pakistan

Lebendige Straßen und Märkte sind im ganzen Land allgegenwärtig. Belebt sind tagtäglich aber auch die Tribünen an der Attari-Wagah-Grenze zwischen Indien und Pakistan, wo man einer ebenso spektakulären wie einzigartigen Zeremonie beiwohnt.

immer wieder zu verhängnisvollen Katastrophen. 1970 kam Günther Messner beim Abstieg ums Leben, und noch vor 1990 zählte man hier im westlichen Himalaya bereits 77 Tote. Im Juli 2009 verunglückte auch die erfahrene Südkoreanerin Go Mi-sun, die vorher bereits elf Achttausender bestiegen hatte. Sie stürzte auf dem Weg nach unten in eine Schlucht, ganz in der Nähe der ehemaligen Messner-Route. Und als wäre all' das nicht schon schlimm genug, so wurde 2013 im Basislager eine Alpinistengruppe von den Taliban erschossen, weil sie sich für einen US-Drohnenangriff rächen wollten.

Ihre fundamentalistische Bewegung befeuert das suspekte Bild der islamischen Republik in den Köpfen der westlichen Welt und hält viele Touristen davon ab, jemals eine Reise nach Pakistan in Erwägung zu ziehen. Und tatsächlich ist das Land am Arabischen Meer kein Kinderspielplatz mit Luxus-Resorts und leckerem Cappuccino, sondern ein durchaus herausfordernder Spot für Harte und Hemdsärmelige, für Trekking-Begeisterte und Abenteurer. Oder für sorglose und leicht naive Träumer wie mich, die unbedingt einmal in jedem Land der Welt gewesen sein wollen und sich dabei trotzdem nicht die Mühe machen, sich auf den jeweils nächsten Trip perfekt vorzubereiten. Sorglos zu sein und gleichzeitig keine Angst vor dem zu haben, was einen woanders erwartet, hat aber wie alles im Leben zwei Seiten – und eine davon ist wunderbar und vollkommen faszinierend: Man geht auf fremde Menschen und Kulturen ganz offen zu, erobert sie mit einem aufrichtigen Lächeln und echtem Interesse an ihrem Dasein. Was bewegt die Leute, was treibt sie an? Wie tickt eine andere Gesellschaft, was sind ihre Gewohnheiten, ihre Ziele und Träume? Wie definieren sie Freude und Glück? Erzählt man Freunden Tage vor dem Abflug, dass es nach Pakistan geht und man im ganzen Land unterwegs ist, erntet man ungläubige Blicke und hochgezogene Augenbrauen. Sagt man ihnen nach der Rückkehr, dass man bisher nirgendwo sonst in so aufgeschlossene und herzliche Gesichter geblickt hat wie hier, erntet man exakt das Gleiche … ungläubige Blicke. Dabei ist

Meter hoch sind. Alleine fünf davon findet man hier – unter anderem den für Bergsteiger besonders anspruchsvollen K2 und den Nanga Parbat, der auch als »Schicksalsberg der Deutschen« bekannt ist. Diese Bezeichnung geht historisch sehr weit zurück, bis in die dunkelsten Kapitel der deutschen Geschichte. 1932 scheiterte eine eigentlich als Erstbesteigung geplante Expedition unter Leitung von Willy Merkl und nur zwei Jahre später gab es mehrere Todesopfer, bedingt durch einen Schneesturm auf 7000 Meter Höhe. Durch diese Tragödie erhielt der Nanga Parbat schon damals seinen Beinamen, aber auch im Laufe der Zeit kam es

Der Fluss Indus – ständiger Begleiter des Karakorum Highway.

Trucks und Ziegen sind in ganz Pakistan permanent unterwegs.

das wertvollste Gut der Völkerverständigung so simpel wie naheliegend: die Begegnung. Tatsächlich bin ich noch nie zuvor so oft fotografiert worden, habe so viele fremde Hände geschüttelt und so häufig den Satz »Welcome to my Country« gehört wie in Pakistan. Die Begegnung ist der beste Weg, Ängste oder Vorurteile abzubauen, sich zu akzeptieren, anzufreunden oder einfach nur festzustellen, dass wir alle Brüder und Schwestern sind in Gottes großem Zelt.

Jeder Warnhinweis und gut gemeinte Ratschlag vor der Reise war ebenso unnötig wie die Befürchtung meines Umfelds, dass man mich im schlimmsten Falle niemals wiedersieht. Städte wie Rawalpindi oder Lahore fühlen sich eher so an, als würde man im Quell des Lebens baden. Sich durch die engen Gassen eines Basars zu bewegen, ist ein Fest für alle Sinne, und man kommt keine zehn Meter voran, ohne irgendwo zu stehen und zu staunen.
Was einem auf den belebten Straßen begegnet, nimmt man meist anerkennend oder verwundert zur Kenntnis, manchmal aber auch kopfschüttelnd und angewidert. Dabei sind dressierte Affen an kurz gehaltener Kette, lebende Goldfische in winzigen Plastikbeuteln und gut dreißig Kanarienvögel in einem viel zu kleinen Käfig genauso irritierend wie die blutigen Auslagen der Metzger. Und dennoch bleiben es Puzzlestücke des großen Ganzen und tragen zum überwältigenden Gesamteindruck ebenso bei wie die Verkäufer komplett verrosteter Felgen, der alles beherrschende Staub und Berge billiger Kleidung. Stände mit Bananen und Weintrauben, daneben mobile Garküchen mit Pfannen voller brutzelndem Fett. Exotische Gewürze und gigantische Schüsseln mit Pulver in tiefdunklem Blau. Kleine lodernde Feuer in verwinkelten Ecken, dazwischen Elektroschrott, ein Meer bunter Plastikblumen und Geschäfte mit goldenen, kunstvoll gestickten Ornamenten auf feinstem Stoff. All' das gehört seit jeher zusammen, ist auf geheimnisvolle Weise miteinander verwoben und auf ewig untrennbar.

Der Anblick dieses Durcheinanders erinnert mich an meine Tage in Chennai und Delhi, an eine lange zurückliegende Zeit in den Metropolen Indiens, die mein Herz damals schon kurz nach der Ankunft erobert haben. Die großen Städte Pakistans wirken durchaus ähnlich, das geordnete Chaos herrscht hier wie dort. Und obwohl beide Länder auf den ersten Blick so viel gemeinsam haben, sind sie sich besonders wegen ihrem Streit um die Kashmir-Region spinnefeind. Aber sind sie das wirklich? Politik und Medien sagen Ja, doch die Menschen erzählen etwas anderes. Und wenn man der täglich stattfindenden Zeremonie an der Attari-Wagah-Grenze beiwohnt und sich ins Gedächtnis ruft, dass hüben wie drüben eigentlich Punjabis leben und trotz unterschiedlicher Religionszugehörigkeiten im Grunde nichts gegeneinander haben, dann versteht man auch die perfekt aufeinander abgestimmte Choreografie des knapp einstündigen Spektakels.

Am Grenzübergang hat man auf beiden Seiten geräumige Tribünen gebaut, die mehreren tausend Zuschauern Platz bieten. Sie sind nicht nur Zeuge, sondern Teil einer spannungsgeladenen und gleichzeitig fast albernen Show, die dem jeweiligen Gegenüber militärische Stärke und Kampfbereitschaft signalisieren soll. Getragen vom Nationalstolz und euphorischen Gegröle des Publikums marschieren Soldaten im Stechschritt aufeinander zu, um sich an der Grenzlinie mit grimmigem Blick und wilden Grimassen zu provozieren. Man hisst die Fahne, Tor auf, Tor zu, und wenn das ganze Säbelrasseln vorbei ist, stehen die Akteure in Uniform noch geduldig für Selfies bereit. Selbst Einpeitscher wie Nasir werden um ein gemeinsames Foto gebeten. Der einbeinige Derwisch, gekleidet in den grün-weißen Farben der Flagge, hetzt an den Sitzreihen entlang, dreht sich mehrmals um die eigene Achse wie ein Brummkreisel und animiert die Menge mit winkender Krücke immer wieder zu einem lauten »Allahu Akbar«, das aus zigfacher Kehle gen Indien schallt. Und mit den Worten »Hindustan« und »Zindabadh« lässt das Echo von dort natürlich nicht lange auf sich warten. Aber beide Parteien haben die Darbietung so synchron und perfekt aufeinander abgestimmt, dass man vermuten könnte, am Abend trinken alle gemeinsam heißen Chai und reden über Cricket.

Wir sind insgesamt zu zehnt unterwegs und bezwingen den Karakorum Highway, eine der höchst gelegenen Fernstraßen der Welt. Obwohl man zunächst meinen könnte, sich nur inmitten von Steinen und Geröll zu bewegen, gibt es auf der Strecke links wie rechts permanent etwas zu entdecken. Immer wieder sieht man gewaltige Bergketten am Horizont, Schnee auf den Dächern der Welt und beeindruckende Landschaften. Tiefe Täler und Ebenen, reißende Flüsse und in sich zusammengefallene Brücken aus Holz. Wenn Mutter Natur zwischen ihren zahlreich aneinandergereihten Wundern mal kurz Pause macht, sind es entweder Menschen, Tiere oder die bunt bemalten und vielfach verzierten Trucks, die einen beim Vorbeifahren verzaubern. Schafherden kreuzen unseren Weg, im nächsten Moment füttern wir während einem Stopp einen ausgehungerten Hund. Oder wir halten an, weil etwas weiter oben eine neue Straße gebaut wird, und man dort Meter für Meter freisprengt. Felssplitter und ein paar größere Brocken poltern den Abhang hinunter, und nach mehreren Detonationen kommen wir inmitten einer zwischenzeitlich stark angewachsenen Lastwagenkolonne allmählich wieder ins Rollen. Langweilig wird es auf dem Karakorum Highway zu keiner Zeit.

Und plötzlich stehen wir vor dem »Raikot Gazebo«, einem unscheinbaren Hotel, das man mitten im Nirgendwo neben ein breites Bett des Indus gebaut hat. Der über 3000 Kilometer lange Fluss tanzt an manchen Stellen wütend und lebendig, hier aber hat er es einfach nur eilig, und seine Stromschnellen winden sich wie Schlangen durch das Gebirge. An diesem Punkt also biegt man vom Highway ab und gelangt zur sagenumwobenen Märchenwiese. Wir werden dort zwei Nächte verbringen und sollen nur das Nötigste

Tür auf, ein Schritt und es geht gute 400 Meter abwärts …

Die Fairy Meadows Road – einmal durch die Hölle und zurück!

mitnehmen. Pass und Geld, feste Schuhe, warme Kleidung. Eher beiläufig registriere ich die Ausführungen unseres Guides und bin dabei zu abgelenkt oder begriffsstutzig, um sofort eins und eins zusammenzuzählen. Offenbar verlassen wir jetzt auch den geräumigen Bus und teilen uns auf mehrere Geländewagen auf, ehe wir später die restliche Strecke auf Pferden bewältigen. Mir diese Abfolge ganz bewusst vor Augen zu führen, hätte mich zu der Erkenntnis gebracht, dass wir das Fahrzeug deshalb wechseln, weil die Spur für den Bus eventuell zu schmal sein könnte. Und weil das weiter oben erneut der Fall ist, nimmt man zum Schluss die Pferde. Was zunächst abenteuerlich und spannend klingt, entpuppt sich bei näherer Betrachtung jedoch als echtes Problem für einen ausgewachsenen Akrophobiker wie mich. Zum besseren Verständnis: Ich habe Höhenangst …

Jeweils zu dritt stolpern wir in Blechbüchsen der indischen Marke Mahindra höher und höher. Die ersten Meter wirken beinahe so, als würde man auf einem Mars-Rover sitzen und sich durch die karge Landschaft des roten Planeten pflügen. Aber leider müssen wir aus dem vor uns liegenden Feld keine Gesteinsproben entnehmen, sondern uns stattdessen unaufhörlich nach oben kämpfen. Ich klemme in dem klapprigen Gefährt hinten links, meine Beine flehen zwischen diversem Gepäck um jeden Zentimeter Platz, und mein Becken knirscht im Takt des konstanten Geruckels. Aber das ist alles harmlos, solange ich den Kopf nicht zur Seite drehe und mir anschaue, wie steil es unmittelbar neben der Fairy Meadows Road nach unten geht. Es ist eine schmale Schotterpiste, keine vier Meter breit. Von rechts droht Lawinengefahr und links lauert der Abgrund. Dazu tausend Kurven und ein Fahrer, der auf sie zusteuert ohne abzubremsen. Meist hat er nur eine Hand am Lenkrad und fummelt mit der anderen an seinem Radio herum. Und neben ihm hockt unser Guide, er hatte im Tal schnell noch einen Joint geraucht und tanzt mittlerweile freudetrunken im Sitz. Ich verliere hinter den Jungs zunehmend die Nerven und merke, dass in diesen Augenblicken zwei entscheidende Komponenten zusammenkommen: Vertrauen und Höhe. Mit beidem habe ich ein Problem. Mein Schicksal in die Hände fremder Menschen zu legen, fällt mir oft erstmal schwer – besonders aber dann, wenn ihre Fähigkeiten und Fahrkünste in den nächsten zwei Stunden über mein Leben entscheiden. Und um den Grad meiner Höhenangst einzuordnen … sie ist so groß, dass ich im Fernsehturm von Auckland nicht mal über eine Panzerglasplatte laufen konnte, die auf der knapp zweihundert

Meter hoch liegenden Aussichtsplattform in den Boden eingelassen ist. Angst ist schlecht, obwohl sie Menschen in manchen Situationen vorsichtig agieren lässt und für ein überlegteres Handeln sorgt. Panik ist weit schlechter, denn mit ihr wird jedes Handeln unkontrolliert. Ich bin mit meinem Gemütszustand irgendwo dazwischen und heilfroh, als wir die Fahrt endlich hinter uns haben.

Bull Bull ist das vierte Pferd, auf dem ich sitze. Wirklich geritten bin ich aber noch nie. Stets war irgendjemand in der Nähe, hielt meist die Zügel in der Hand und lief voraus. Das ist hier nicht anders, und ich bin froh, dass der junge Basi mit uns geht. Er führt den kleinen, kompakten Gaul sicher den Berg hinauf, dreht sich hin und wieder zu mir um, nickt kurz und richtet dann zwei oder drei nette Worte an das duldsame Tier. Vielleicht hat Bull Bull seinen Namen ja bekommen, weil er tatsächlich das Temperament eines Stiers hat. Hier und heute wirkt er aber fast ein bisschen lustlos und gibt mir während einer kurzen Rast zu verstehen, dass ihn ausgiebige Streicheleinheiten weit weniger interessieren als der Apfel, den Basi vor seine Nüstern hält. Mein Begleiter fasziniert mich nicht nur wegen seiner freundlichen Stimme und seinem sanften Lächeln, sondern auch wegen seiner friedvollen Aura, die zum Glück ein wenig auf mich abfärbt. Ich fühle mich in seiner Obhut bedeutend wohler als mit dem verrückten Guide im Wagen und störe mich inzwischen kaum noch an den engeren Passagen unseres Pfades. Stattdessen sehe ich im wahrsten Sinne des Wortes über die schmalsten Stellen hinweg und schweife mit dem Blick lieber in die Ferne, denn man sieht bereits den Mythos majestätisch vor uns liegen. Basi hat die schneebedeckten Gipfel des Nanga Parbat sicher schon unzählige Male gesehen, aber leider nicht so wie ich. Der sympathische Kerl hat nicht nur eine äußerst beruhigende Art, sondern auch ein trauriges Handicap. Er ist auf dem rechten Auge blind. Es ist völlig eingetrübt, und ich schäme mich fast ein bisschen hinzuschauen – aber womöglich nur, weil die Sprachbarriere zwischen uns verhindert, mein Bedauern darüber auszudrücken. Oder fühle ich mich vielleicht sogar schlecht, weil ich bei oberflächlicher Betrachtung der gesunde, reiche Tourist auf dem Rücken des Pferdes bin, den der arme Tagelöhner aus den Bergen nun nach oben bringen muss, obwohl er sowieso schon eine schwere Bürde trägt? Ich möchte mich nicht fühlen wie ein Kolonialherr auf hohem Ross, sondern wie Basis großer Bruder oder ein trostspendender Freund. Doch vielleicht würde er auch gar nicht über sein Auge reden wollen und hat sich längst daran gewöhnt. Mir tut der Junge einfach nur leid, weil man sein großes Herz förmlich greifen und erkennen kann, was für ein guter Mensch da in der gelben, extrem verdreckten Daunenjacke steckt, die ihn mit ihren vielen Löchern nicht wirklich vor der Kälte schützt.

Als wir in den Fairy Meadows Cottages unser Quartier beziehen, ergötze ich mich zwar an der Aussicht und der frischen Luft, aber die Temperaturen verlangen

Basi, Bull Bull und der Nanga Parbat.

mir alles ab. Mehrere Jacken und Pullover verhindern nicht, dass mein Körper ununterbrochen friert und fast zittert. Der einzige Platz, an dem man es hier oben in den Holzhütten aushalten kann, ist ein wärmender Ofen in einem Gemeinschaftsraum. Davor sitzend hadere ich für einen kurzen Moment mit mir selbst und denke darüber nach, wieso ich ständig so versessen auf das Reisen bin; aber ich diskutiere auch mit unserem Guide über mögliche Ursachen meiner Höhenangst und die Risiken, die wir auf dem Weg hierher in Kauf genommen haben. Die Straße zur Märchenwiese ist fraglos eine der gefährlichsten Strecken der Welt. Sie besteht aus Steinen und Staub, hat keinen asphaltierten Abschnitt oder irgendeine Leitplanke. An den ungesicherten Kanten fällt die Schlucht meist im 90-Grad-Winkel nach unten, manchmal bis zu vierhundert Meter tief. Und es gibt nichts, an dem sich ein herabstürzendes Objekt dort irgendwie verhaken könnte … kein Baum, kein Vorsprung, gar nichts. Die Reifen sind von dieser Kante häufig keine zwanzig Zentimeter entfernt. Das mag zwar ein Heidenspaß für Lebensmüde sein, mich hingegen macht so ein Ritt auf der Rasierklinge einfach nur fix und fertig. Und es bereitet mir großes Unbehagen, diesen Gang noch einmal antreten zu müssen, zumal für den nächsten Tag Schneefall angekündigt ist.

Auch die Nacht wird zum Albtraum. Ich bin auf einer harten Matratze unter dicken Decken begraben, und trotzdem hält mich die Kälte wach. Dazu kommt die Angst. Der Gedanke an einen möglichen Wetterwechsel und eine anschließende Rutschpartie auf dem Highway des Todes arbeitet so lange in mir, bis ich morgens um fünf auf der Veranda unserer Unterkunft einen Entschluss fasse: Ich will vom Berg wieder runter, und zwar gleich nach dem Frühstück. Während mir das klar wird, stehe ich draußen am Geländer, suche die Sterne am Himmel und finde den Mond, der die unmittelbar vor mir liegende Silhouette des Nanga Parbat in ein weiches Licht taucht. Er sieht wundervoll aus, und am Vormittag hätte ich sogar die Gelegenheit, mich dem Achttausender noch ein gutes Stück zu nähern. Einige von uns werden sich auf eine lange Wanderung begeben und bis zum ersten Basislager laufen – dorthin, wo zahlreiche Zelte den Ausgangspunkt für die Touren der Gipfelstürmer bilden. Aber ich mache hier meinen Frieden mit dem schlafenden Riesen, mitten in der Nacht, klammheimlich und in aller Stille. Ich bete kurz und bitte um einen sicheren Rückweg. Und gleichzeitig bedanke ich mich für diesen besonderen Augenblick und das imposante Bild, das sich direkt vor mir offenbart.

Zwischen dem Karakorum Highway und dem Dorf Tato, wo man auf die Pferde umsattelt, liegen sechzehn Kilometer. Ich würde sogar laufen, wenn es nicht anders ginge. Aber nach einem kurzen Austausch mit unserem Reiseleiter telefoniert er zweimal, gibt mir noch ein paar Anweisungen für die Ankunft im Tal, und keine dreißig Minuten später sehe ich zwei alte Bekannte: Bull Bull und Basi, der sicher nicht damit gerechnet hat, mich schon am nächsten Morgen wieder nach unten zu geleiten. Bull Bull ist entspannt und etwas zugänglicher als am Vortag, aber vielleicht freut er sich einfach nur darüber, dass ich hin und wieder absteige, wenn der Weg besonders eng wird oder das Gelände neben uns steil abfällt.

Lächelnd und lobend verabschiede ich mich erst vom verlässlichen Vierbeiner; und dann von demjenigen, der seine Hand stets behutsam nach hinten streckte, um Bull Bull am Rande von Abgründen sicher in der Spur zu halten. Und langsam begreife ich, dass Basi nicht mein kleiner Bruder ist, sondern mein großer Beschützer, mein guter Hirte auf dem schmalen Pfad hinauf zum Himmel. Und so umsichtig hat er mich von dort auch wieder hinuntergeführt und mir in Tato auf Geheiß unseres Guides noch einen Fahrer vermittelt, der mich zum Hotel an der Fernstraße bringen soll. Bevor wir aufbrechen, geben Basi und ich uns die Hand und mit festem Blick sehe ich ihm diesmal in die Augen. Er schenkt mir noch einmal ein warmes Lachen und ich bin nicht nur tief berührt, sondern

Pakistan

Viggo Mortensens Mahindra, verlässlich und kampferprobt!

verlasse in gewisser Weise nun tatsächlich doch einen Freund, den ich wahrscheinlich niemals wiedersehen werde. Dann steige ich in einen blauen Mahindra, der penetrant nach Benzin stinkt und bereits schwer in die Jahre gekommen ist.

Ich bin ruhiger als erwartet, denn ich spüre, dass neben mir der beste Mann sitzt, den man sich für den anstrengenden Trip nach unten wünschen kann. Es ist Viggo Mortensen oder eine pakistanische Ausgabe von Terence Hill, ausgestattet mit elegantem Schnurrbart und dem souveränsten Lächeln der Welt. Er sieht aus, als hätte er die Hölle schon längst gesehen und wäre mehrmals aus ihr emporgestiegen. Ein Typ, den rein gar nichts schocken kann – es sei denn, er hat keinen Kautabak mehr. Auf dem Etikett des kleinen grünen Beutels ist ein Panzer abgebildet, und ich möchte lieber gar nicht wissen, was er da zwischen seinen Zähnen zermalmt. Nur einmal schaut er mich mit ernster Miene an, als ich ihm an einer scharfen Linkskurve mit meiner Paranoia anscheinend kurz auf den Geist gehe. Aber ich kann nicht anders, als ein höchst nervöses »Oh Oh Oh« von mir zu geben, wenn wir zielstrebig gen Abgrund fahren und sich partout nicht sehen lässt, ob die Straße vor uns überhaupt irgendwo weitergeht. Im Großen und Ganzen ist Terence aber entspannt und hat sich – obwohl Basi eingangs sagte, dass der Mann kein Englisch spricht – immerhin ein lächelndes »This is local music« herausgepresst und sein blechernes Radio bis zum Anschlag aufgedreht.

Uns begleiten rhythmische Bhangra-Klänge nach unten, und nun sind wir endgültig zwei Himmelhunde auf dem Weg zur Hölle. Allerdings fühle ich mich nicht wie Bud Spencer und auch nicht besonders cool, sondern eher wie ein ganz kleines Licht, das sich davor fürchtet, im Laufe der nächsten Stunde für immer auszugehen.

Entspannter Alltag in der Stadt Chilas.

Mein Nebenmann ist hingegen bester Laune und erzählt jedem entgegenkommenden Fahrer bei kurzem Anhalten, was für eine Mimose er da gerade nach unten kutschiert. Ich sehe es an den Blicken der anderen Fahrer und ich sehe es in den Augen der hinten sitzenden Passagiere. Sie mustern mich kurz, lachen dann, und ich mache ihnen die Freude, sogar mitzulachen und das Bild eines jämmerlichen Touristen abzugeben, der etwas ebenso lustig findet wie alle Anderen und dabei scheinbar nicht kapiert, dass man eigentlich über ihn lacht. Kein Problem, es prallt an mir ab. Spaß muss sein, warum auch nicht, also amüsieren wir uns einfach ein bisschen über den Idioten und seine Höhenangst ... vielleicht ist es ja wirklich so unfassbar witzig oder man hat hier oben sonst nichts zu lachen. Bis einer heult – diese drei Worte standen als Slogan mal auf dem T-Shirt eines Freundes, zusammen abgebildet mit zwei Panzern, die sich gegenüberstehen. Und es fällt mir nicht zufällig jetzt ein, weil neben mir die Tüte mit dem Kautabak liegt, sondern weil genau das eines Tages geschieht. Irgendwann wird einer dieser Geländewagen abstürzen. Nur ein kleiner unwägbarer Zufall … ein von oben rutschender Stein, eine plötzlich summende Fliege im Ohr, ein technischer Defekt, Bruder Leichtfuß am Steuer oder ein verhängnisvoller Fahrfehler. Der Tag wird kommen, an dem es hier auf der Fairy Meadows Road jemanden erwischt. Natürlich wünscht man es keinem, und trotzdem ist das vielleicht alles nur eine Frage der Statistik und prozentualer Wahrscheinlichkeit. Für die Muslime ist es laut unserem Reiseleiter eine Frage des Schicksals: »Wenn Allah es so will und dies für einen bestimmt ist, dann soll es geschehen. Der Gläubige kennt keine Angst und ist immer auf alles vorbereitet, auch auf den Tod.«

Nach unzähligen Kurven, Bremsmanövern, Stolpersteinen und Schweißperlen sehe ich endlich ein kleines weißes Zelt an einer Felskante. Die Ziellinie. Ich erinnere mich an den Hinweg und daran, dass der Abschnitt nach dieser Biegung am Zelt nur noch ein Kinderspiel ist. Die Fahrbahn wird ein wenig breiter, und die abfallende Schlucht an der Seite ist nun auch nicht mehr vierhundert Meter tief, sondern geschätzt nur ein Viertel davon. Das Risiko wird überschaubarer, aber im Grunde besteht keines mehr. Für so einen alten Hasen wie meinen Fahrer sind die letzten Meter ins Tal bloß eine lästige Routine. Wirklich Spaß macht es ihm weiter oben – an Stellen, die sein ganzes Können erfordern und aus der blauen, klapprigen Kiste alles rausholen, was in ihr steckt.

Diesmal ist der Abschied nicht so emotional. Fünftausend Rupien, Handshake und das war's. Aber kaum bin ich in meinem Hotelzimmer, kommen mir fast Tränen der Erleichterung. Ich habe es überstanden. Nichts ist passiert. Und sofort fühlt sich das Reisen wieder gut an, besonders am Abend: Als sich die Dämmerung wie ein Mantel über die Bergkämme legt, werde ich mit dem Ruf des Muezzins belohnt, dessen Echo durch das Tal hallt.

Als die Gruppe wieder zu mir stößt, fahren wir weiter nach Norden und bleiben für ein paar Tage in Karimabad. Die kleine Stadt ist ein Magnet für Touristen und liegt im Obstgarten Pakistans, dem beschaulichen Hunzatal. Hier blühen Aprikosen- und Kirschbäume, überall baut man Weizen, Mais und verschiedenes Gemüse an. Es ist ein perfekter Ort, um sich kurz von den zurückliegenden Strapazen zu erholen. Und als erneut ein Ausflug in kleinen Geländewagen ansteht, hoch zu verschiedenen Gipfeln, bleibe ich diesmal von vornherein im Hotel und sitze stattdessen in der Sonne, mit einer wärmenden Decke auf dem Schoß und einer Tasse Tee in der Hand. Mein Blick verliert sich in der endlosen Weite des Tals. Ich sehe grüne Wiesen und Ziegen und Rinder, schaue auf die Dächer kleiner Häuser und die weißen Dächer der Berge. Alles um mich herum gleicht einem Traum, ist geradezu atemberaubend, und wenn man ein begabter Maler wäre, würde man hier sicher allzu gerne seine Staffelei aufstellen. Aber nicht ich. Ich möchte hier eigentlich weg, sehne mich stattdessen nach tobendem Wasser, wogenden Wellen und tiefblauem Meer. Ist der Nanga Parbat mit dieser Erkenntnis auch zu meinem Schicksalsberg geworden? Zumindest hat er mich offenbar mit meinen Dämonen konfrontiert und mir persönliche Grenzen gezeigt. Er hat mir beigebracht, wie hilfreich und wertvoll es ist, Vertrauen in die Fähigkeiten eines Anderen zu haben. Und er hat mir bleibende Erinnerungen geschenkt, aber auch die kälteste Nacht meines Lebens beschert und mich zweifellos in die Knie gezwungen. Aber wenn man sein Schicksal so gelassen erträgt wie mein Weggefährte Basi das seine, dann sollte man mit Höhenangst letztlich ganz gut leben können.

Tipps

Wer sich auf eine Offroad-Tour durch Pakistan einlässt, sollte sich sicher sein, dass er schwindelfrei ist, gerade, wenn es über die oft mehr als abenteuerlichen Wege in die Berge geht.

Die Märkte in den Städten sind in jedem Fall einen Besuch wert. Allerdings sollte man sich dessen bewusst sein, dass man hier viele Dinge zu sehen bekommt, die einem fremd und mitunter abstoßend erscheinen.

Das tägliche Grenzspektakel ist ein Erlebnis der besonderen Art. Bei der skurrilen Zeremonie an der Wagah Border, der pakistanisch-indischen Grenze westlich von Lahore, wird allabendlich die Schließung der Grenze in Szene gesetzt. Hier sind jeden Tag tausende Menschen zugegen und wohnen dem Ereignis bei.

Literatur & Karten

Geo Center ILH Pakistan: Reise- und Trekkingführer

Insight Guides Pakistan (Englisch)
Freytag & Berndt Pakistan – 1:1.500.000

Reise Know-How Landkarte Pakistan – 1:1.300.000

Nelles Map Pakistan – 1:1.500.000

Brexit hin oder her – das Vereinigte Königreich ist ein tolles Reiseziel. Und in manchen Gegenden kann man auch abseits der befestigten Straßen unterwegs sein. Martin Zink und Alexander Gollek haben mit zwei umgebauten Pickups eine Rundreise über die Insel auf der anderen Seite des Kanals unternommen.

Text & Fotos: **Martin Zink**

Ab auf die Fähre und rüber nach England

Fahrzeug

Isuzu D-Max mit Umbau auf 35-Zoll-Räder mit höherem Fahrwerk und 50-Millimeter-Bodylift, AT-Reifen, Kotflügelverbreiterungen & Canopy-Camper mit Doppelbatterie-System.

Ein Strand fast für uns alleine.

Die beste Reisezeit? Eigentlich immer. Denn das Wetter im Vereinigten Königreich ist so abwechslungsreich wie die Natur auf den britischen Inseln und gleichzeitig extrem wechselhaft. So wechselhaft, dass man sich das ganze Jahr auf jedes Wetter einstellen muss – von kalt bis warm, von trocken bis Starkregen. Wer das tut, ist für eine Reise durch die verschiedenen Landesteile bestens gewappnet. Unsere Reise führte uns durch England, Schottland und Wales. Unser Liebling? Ganz eindeutig Schottland. Dort ist die Natur rau, die Menschen sind nicht zu verstehen, die Campingplätze einfach aber gut. Dort fühlten wir uns wohl, auch wenn das Wetter mit so mancher Kapriole aufwartete.

Wir hatten nicht viel Zeit für unsere Tour und erlebten drei Landesteile im Turbomodus. Das bedeutete aber nicht, dass wir wenig vom Land sehen konnten, es bedeutete auch nicht, dass wir nur im Reise-Offroader saßen und gehetzt wurden. Ganz im Gegenteil: Wir erlebten die Tour als entspannend und voll mit sehenswerten Gegenden.

Nach der Überfahrt von Calais nach Dover war East Sussex unsere Startregion. Dort steuerten wir Appledore und von dort Rye mit seinem kleinen, aus dem 14. Jahrhundert stammenden Bodiam Castle an. Eine Einstimmung in die vor uns liegende Zeit: Linksverkehr, massenweise

United Kingdom

Streckenweise führen die Wege durch unberührt erscheinende Natur, ...

... dass der Mensch sie jedoch nutzt, erkennt man an den geschotterten Pisten.

Der Steinkreis von Avebury ist zwar nicht so bekannt wie Stonehenge, ist aber einer der größten Steinkreise der britischen Inseln und gehört ebenfalls zum Weltkulturerbe der UNESCO.

Einige Bereiche sind leider gerade geschlossen.

Wer sind diese Vier aus Liverpool nochmal?

Kreisverkehre und enge, fast zu enge Straßen, gesäumt von hohen, kratzenden Hecken. Alles, was wir die nächsten zehn Tage erleben würden, wurde uns hier geboten. In unserem Isuzu D-Max mit Camper-Aufbau waren wir gerade noch in der richtigen Größenklasse unterwegs. Noch höher und noch breiter hätte Probleme bedeutet. Ab Rye führte unser Weg direkt an der Küste über den Herbrand Walk, westlich von Bexhill-on-Sea. So steil und so dicht erlebt man die Küste eher selten. Alles ist trotzdem dicht bebaut, und der Verkehr variiert von stark bis gar nicht vorhanden. An den beeindruckenden Kalkfelsen finden sich einige Leuchttürme, die man unbedingt besuchen sollte.

Weiter nach Brighton fahrend, ebenfalls an der Küstenlinie entlang, suchten wir unseren Weg nach Arundel und stießen von dort auf eine verwunschene Straße des South Downs National Park. Ab Slindon, über Eartham, East Dean und Singleton, fuhren wir weiter Richtung Bath. Wir entschieden uns, nicht zu dem bekannten Stonehenge, sondern zu einem anderen Steinkreis zu fahren: nach Avebury. Hier befindet sich einer der größten Steinkreise auf den britischen Inseln, der seit 1986 als Teil der Stonehenge, Avebury and Associated Sites zum Weltkulturerbe der UNESCO gehört.

Ab und zu liegen ein paar Wasserdurchfahrten auf der Strecke. Sie sind jedoch nie sehr tief, und unsere Pickups fahren spielend hindurch.

Viel breiter und höher dürften unsere Pickups nicht sein.

Die Ausmaße kann man sich gar nicht vorstellen. Der Eintritt ist frei, und es geht nicht so touristisch zu wie in Stonehenge. Von dort bietet sich eine Tour nach Bath und Bristol an.

Unser Plan besagte, am nächsten Tag – nach einer Nacht auf einem kleinen, inhabergeführten Campingplatz – im Meer zu schwimmen. Auf dem Weg an die See führte die Route von Abergavenny über die Old Herford Road nach Norden und Llanthony Priory, einem zerfallenen Augustiner-Kloster, durch den Brecon Beacons National Park zum Pembrokeshire Coast National Park. Von dort aus ist Cardigan gut zu erreichen. Hier finden sich einige kleinere Campingplätze direkt am Meer, oft nur getrennt durch einen steilen Abstieg. Hier konnten wir schließlich unseren Badeplan umsetzen.

In Wales erlebt man eine Natur, die fast überall von Menschen mehr oder weniger nachhaltig bewohnt wird. Alles fällt kleiner aus, auch die Möglichkeiten einzukaufen, und trotzdem findet man den gleichen Standard wie in Deutschland. Am Mwnt Beach erlebten wir die Irische See hautnah. Dieser kleine Strand liegt versteckt, ist aber wunderschön.

Von dort machten wir uns auf direktem Weg nach Liverpool auf. In der Stadt verbrachten wir einige »Pints« in verschiedenen Pubs und genossen das raue Nachtleben der englischen Stadt sowie das Seefahrergefühl an der Mündung des Flusses Mersey und der Irischen See. Weiter ging es zum Lake District National Park. Entlang dem drittgrößten See im Lake District fuhren wir wieder auf engen Straßen und vorbei an spannenden, historischen Bauten. Ganz in der Nähe überquerten wir dann den Hadrians Wall, auch bekannt als Roman Wall, ein römisches Grenzbefestigungssystem des britannischen Limes. Ab hier befanden wir uns in Schottland, dem eigentlichen Highlight unserer Reise.

Ab hier befanden wir uns in Schottland, dem eigentlichen Highlight unserer Reise

Dachzelt, Markise, Campingtisch und -stühle, Kocher, wir haben alles dabei.

Der Dudelsack ist zentraler Bestandteil schottischer Traditionen.

In Schottland stiegen wir in einen Offroad-Track ein. In Thirlmere fuhren wir knapp 4,5 Meilen auf der B5322, dann ging es direkt hinter einem großen Bauernhof nach rechts. Das Schild »Unsuitable for vehicles« hielt uns nicht ab. In Richtung Dockray fahrend, erlebten wir tiefe Wasserdurchfahrten, felsigen Untergrund und atemberaubende Aussichten.

In Südschottland befindet sich der Camusdarach Beach. Ein wunderbarer Ort in den Highlands, gelegen zwischen Arisaig und Mallaig, wo man bei gutem Wetter die Inseln Eigg, Rum und Skye sehen kann. Der Weg dorthin führte uns durch die schottischen Highlands und bildete das Highlight unserer Reise. Unweit von Glasgow gelegen, bot sich dann erneut die Möglichkeit, ein wenig auf unbefestigten Wegen unterwegs zu sein. Drei Seen warteten auf uns: Loch Reoidhte, Loch Drunkie und Loch Achray. Der ausgeschilderte Achray Forest Drive führte uns durch Wälder, direkt an den Seen vorbei. Nachdem wir anschließend Glasgow passiert hatten, steuerten wir das Glen Coe Valley an. Dort befuhren wir die A82 in Richtung Nord-Westen in Richtung Gualachulain. Überall sah man Rinder, Schafe und Pferde.

Zum Teil nicht eingezäunt, symbolisierten sie die wilde Freiheit der Highlands. Wir machten Pause, kochten Kaffee und genossen die Natur.

Nachdem wir die Highlands ausgiebig durchfahren, bestaunt und genossen hatten, fuhren wir in Richtung der Isle of Skye und nahmen die Fähre von Mallaig zur Insel. Wir hatten Glück und kamen noch mit, obwohl die Fähre fast komplett

United Kingdom

Will das Pferd etwas zu fressen oder uns begleiten? Wir haben es nicht herausbekommen.

Nach einem anstrengenden Offroad-Tag wird im Dutch Oven gekocht. Alles reinschnippeln und ab aufs Feuer.

ausgebucht war. Es ist besser zu reservieren und nicht darauf zu vertrauen, die Fähre auf jeden Fall zu erwischen. Alternativ lässt sich die Insel auch auf dem Landweg erreichen, der ist aber deutlich länger. Schnell stellten wir fest, dass die Isle of Skye den Highlands in fast nichts nachsteht: sie ist rau, sie ist schön! Es gibt einige Campingplätze, für die wir uns entschieden hatten, denn hier kann man schön stehen und es gibt Toiletten. Theoretisch kann man auch frei stehen, wenn man den jeweiligen Landbesitzer fragt – selten hört

Die Isle of Skye: sie ist rau und sie ist schön!

Die meisten Offroad-Passagen sind nicht sehr anspruchsvoll.

man ein »Nein«. Von hier aus wollten wir zum Kilt Rock. Dort waren wir auch, aber leider war nicht genügend Wasser vorhanden, sodass nur ein kleines Rinnsal auf uns wartete.

Auf einer Tour durch das Vereinigte Königreich darf ein Besuch in einer Whisky-Destillerie natürlich nicht fehlen. Wir haben uns die nördlichste Brennerei ausgesucht: Talisker ist die einzige Destille auf der Isle of Skye und verfügt über ganz ausgezeichneten Whisky. Wir machten eine Führung mit und schlugen kräftig im Shop zu. Den gesamten Abend verbrachten wir dann mit dem Verkosten des Whiskys.

Unsere Tour führte abschließend über Loch Ness zurück aufs Festland, hierzu haben wir die Fähre von Newcastle nach Amsterdam genommen. Unser Tipp: Die Kabine bucht man erst auf dem Schiff. In der Vorreservierung sollte sie 200 Euro kosten, beim Einschiffen 180 Euro und auf dem Schiff dann nur noch 50 Euro.

Na gut, wenn wir schon mal hier sind ...

... gehört ein Besuch in einer Whisky-Destillerie dazu.

United Kingdom

> Tipps

Campingplätze
Im Vereinigten Königreich finden sich unzählige Campingplätze. Die meisten sind inhabergeführt und extrem einfach. Die Toiletten sind meist Komposttoiletten, und Duschen sind in sehr geringer Anzahl vorhanden. Das hat seinen Charme, solange der Campingplatz nur spärlich besucht ist. Sobald er voll ist, macht es nur noch wenig Spaß. Ist man aber fast allein, ist es grandios. Feuer ist auf vielen Plätzen erlaubt. Per Google-Maps-Suche kann man die Campingplätze finden, und die Buchung sollte dann über die dort angegebene Telefonnummer erfolgen.

Sicherheit
Das Vereinigte Königreich ist unter Beachtung des leider überall möglichen Terrors ein sicheres Land. Nordirland muss gesondert betrachtet werden.

Einreisemodalitäten
Reisepass, Personalausweis.

Reisezeit
Ganzjährig

Anreise
Mit großen Fahrzeugen per Fähre, z. B. Dünkirchen oder Calais.

Übernachtungen
Es gibt ausreichend viele Campingplätze oder typische Hotelübernachtungen.

Alkohol am Steuer
Die Promillegrenze beträgt 0,8, in Schottland 0,5.

Umweltzonen
Bei Fahrten in den Großraum London müssen größere Fahrzeuge (wie Wohnmobile, Minibusse oder Pickups) die erforderlichen Emissionsstandards für die Niedrigemissionszone (Low Emission Zone, LEZ) erfüllen. Um dies festzustellen, ist eine vorherige Registrierung des Fahrzeugs bei der für die LEZ zuständigen Verkehrsbehörde Transport for London (TfL) notwendig. Dies sollte 10 Tage vor der Einreise erfolgen. Bei Verstößen drohen erhebliche Geldbußen.

Geschwindigkeitsbegrenzungen
Stadt 30 miles / 48 km/h, Landstraße 60 miles / 96 km/h, Schnellstraße 70 miles / 112 km/h, Autobahn 70 miles / 112 km/h.

Wolfgang und seine Frau Dorothee haben bereits mehrere spannende Offroad-Touren durch Namibia und Botswana durchgeführt. Anhand ihrer Reisen wollen wir exemplarisch die Planung einer solchen Geländewagentour verdeutlichen.

Text: **Wolfgang Grob**
Fotos: **Dorothee Schumacher und »Wilderness-Team«**

An was man alles denken muss

Gut geplant

Fahrzeug

Toyota Hilux mit MT-Bereifung, Long-Range-Tank plus 2 x 20-Liter-Zusatzkanister, Dachzelt & Kompressor-Kühlbox.

*N*amibia ist mit seinem über 40.000 Kilometern Straßen- und Pistennetz eines der beliebtesten Offroad-Reiseziele der Welt. Sowohl Namibia als auch Botswana gelten allgemein als »Afrika für Einsteiger«. In diesen Ländern sind Selbstfahrertouren für Europäer – auch für ungeübte Fahrer – ohne größere Probleme möglich. Auf schwierigeren Pisten, sandigen Trockenflussstrecken bis hin zu Sanddünen kann man, unter Beachtung von Regeln und Vorschriften, seine Offroad-Erfahrungen erweitern und die eigene Fahrweise optimieren. Doch sollte man dabei die Vorsicht nicht vergessen! Denn schnell passiert es, dass man die auftretenden physikalischen Kräfte bei zu hoher Geschwindigkeit auf den unbefestigten Straßen unterschätzt. In Kurven und auf holprigen Pisten kann das kopflastige Fahrzeug mit dem schweren Dachzelt und weiteren Dachlasten schnell ausbrechen, was im schlimmsten Fall in einem »Roll-Over« endet. In Botswana überraschten uns sogar auf der asphaltierten Hauptstraßenverbindung völlig unerwartet riesige Schlaglöcher, in denen ein Reifen vollständig verschwindet. Namibia und Botswana sind im Vergleich zu anderen afrikanischen Staaten sichere, mit einer guten touristisch ausgelegten Infrastruktur ausgestattete Reiseländer und bieten damit eine gute Grundvoraussetzung für Offroad-Reisen. Mit einer gesunden Mischung aus Vorsicht und Freundlichkeit kann sich der Reisende überall frei bewegen. Die Kriminalität ist außerhalb der Ballungsräume sehr niedrig. Wertgegenstände sollten dennoch nicht frei sichtbar im Auto liegen.

Die deutsche koloniale Geschichte Namibias vereinfacht die Kommunikation in der dem Europäer fremden Kultur. An vielen Orten in Namibia wird deutsch, in Botswana englisch gesprochen. Obwohl sehr viele unterschiedliche Ethnien dort leben, ist das Miteinander dieser so verschiedenen Menschen in beiden Ländern äußerst friedlich. Namibia ist eine junge Demokratie. Den Umgang der weißen mit der schwarzen Bevölkerung haben wir trotz der wirtschaftlichen Unterschiede immer als sehr respektvoll erlebt. Im Jahr 2016 verkündete man in Botswana zur 50jährigen Unabhängigkeit das Motto: »United and Proud«. Dieses Ziel war für uns in Botswana überall spürbar. Schwarze und weiße Bevölkerung begegnen sich in Botswana auf »Augenhöhe«. Das Zebra wird mit seiner Schwarz-Weiß-Fellstruktur als symbolisches Wappentier angesehen. Man setzt auf den Tourismus, um die wunderschöne Umwelt und die Tierwelt auch für künftige Generationen zu erhalten. Gleichzeitig wird in Botswana ein Massentourismus verhindert. Unterkünfte sind rar und nicht preiswert.

Bei unseren Reisen genießen wir immer wieder die Freundlichkeit, Hilfsbereitschaft und Fröhlichkeit der Bevölkerung. Anders als in Nordafrika werden wir nicht ständig beobachtet und zu Aktivitäten oder zu Käufen gedrängt. Wenn wir uns zurückziehen und ausspannen wollen, wird dies akzeptiert.

Auch unsere Faszination von Namibia begann mit einer klassischen Selbstfahrertour. In zwei Wochen fuhren wir nach touristischer Beratung, aber eigenen Routenwünschen, in einem Rundkurs durch Namibia. Wir starteten von Windhoek über Gravel Roads zur Namib. Vorbei an den roten Dünen des Sossusvlei fuhren wir entlang des Dünengürtels zur nebligen kalten Atlantikküste, in den »Kühlschrank« Namibias, nach Walvis Bay und in die deutsch geprägte Stadt Swakopmund. Von Swakopmund aus buchten wir eine Dünentour nach Sandwich Har-

Vorbei an den roten Dünen

Viele der Straßen Namibias und Botswanas sind nur geschottert. Gut so, denn Asphalt brauchen Geländewagenfahrer nicht.

Die roten Dünen von Sossusvlei.

Swakopmund ist auch heute noch von der Kolonialzeit geprägt.

bour und fuhren über den Dorob Nationalpark, durch das landschaftlich wunderschöne Damaraland mit den »Maulwurfhügelbergen«, die durch Verwitterung entstanden sind. Über den Brandberg und Twyfelfontein geht es weiter zum Etosha Nationalpark. Hier erlebten wir, dass eine Campsite aus wenigen Einzelclaims besteht, die in großem Abstand zu dem nächsten Camp-Nachbarn in die Landschaft eingegliedert sind. Jeder Platz ist mit einer eigenen Feuerstelle, einer Waschgelegenheit und schattenspendendem Sonnenschutz ausgestattet. Vorbei am geschichtsträchtigen Waterberg schloss sich der Kreis der Rundreise wieder in Windhoek. Da bei den bekannten großen Autovermietungen kein mit Campingausrüstung ausgestattetes Allradfahrzeug für unsere damalige Reise mehr zu buchen war, vertröstete uns der Agent unseres Reisebüros mit einer Reservierung eines Allrad-Pick-ups mit Dachzelt in einer kleineren Autovermietung in Windhoek. Als wir ihn dann auf Howard von Namibia-Car-Rental bei der Fahrzeugübergabe trafen, fühlten wir uns sofort gut aufgehoben. Das Fahrzeug war in einem hervorragenden Zustand, die Campingmaterialien waren neuwertig und gepflegt, und der Pickup war vollständig ausgestattet.

Aus diesem ersten Kontakt entwickelte sich in den darauf folgenden Reisen eine Freundschaft, die in einem gemeinsamen Wildnisabenteuer im touristisch und straßenbaulich noch weitgehend unerschlossenen Kaokoveld ihren Höhepunkt fand.

Die deutsche Vergangenheit ist immer noch sichtbar.

Checkliste

Vor der Reise

- ☐ *Flüge buchen*
- ☐ *Mietwagen buchen*
- ☐ *Erforderliche Papiere und Reiseunterlagen zusammenstellen (mind. ½ Jahr gültiger Reisepass bis 90 Tage, darüber hinaus Visum erforderlich)*
- ☐ *Literatur & Kartenmaterial (Papier & elektronisch)*

Nach der Ankunft (Mietwagen checken)

- ☐ *Reifen*
- ☐ *Ersatzräder*
- ☐ *Wagenheber*
- ☐ *Kompressor*
- ☐ *Tankkapazität*
- ☐ *Zusatzkanister*

Die Dünen von Sandwich Harbour treffen auf den Atlantik – oder umgekehrt.

Die Maulwurfhügelberge im Damaraland. Ob sie von Riesen-Maulwürfen erschaffen wurden?

Spätestens im Kaokoveld und abseits der großen Pisten lernten wir, dass eine gute Navigation mit GPS und guten Karten unbedingt erforderlich ist. In vielen Regionen abseits der großen Ortschaften und Distriktstraßen und in der Region des nordwestlichen Kaokoveldes gibt es keinen Handyempfang. Für solche Extremtouren lassen sich dann zum Beispiel Satellitentelefone in Windhoek mieten. Ein guter Autovermieter kann zudem den Standort und die Bewegung seiner Fahrzeuge über GPS erkennen. Über einen Spot konnten unsere Kinder damals unsere Reiseposition im Internet von zuhause aus verfolgen. Im Okavangogebiet erzählten uns die Ranger von Touristen, die sich in dem unübersichtlichen Netz der Pfade verirrten. Touristen fuhren sich auch mit ihrem Fahrzeug vor der 4th-Bridge im Moremi Game Reservat im Schlamm fest, wobei Löwen und Hyänen in vollkommener Gelassenheit die weitere Vorgehensweise der Insassen abwarteten und beobachten! Ein anderes Paar erreichte mit letzter Willenskraft nach stundenlangem Marsch und fast verdurstet den viel befahrenen Haupt-Pfad des Reservats.

Kommt der Namibiareisende nach dem Flug in Windhoek an, gilt es den technischen Zustand des gemieteten 4x4-Fahrzeuges und die bereitgestellte Campingausstattung zu überprüfen. Den ersten kritischen Blick erhalten die Reifen. Sie sind noch nicht zu alt? Haben sie ein gutes Offroad-Profil (MT) mit verstärkter Flanke? Existiert ein funktionierender Wagenheber? Sind zwei gebrauchstaugliche Ersatzräder an Bord? Bei geplanten Sandpassagen gehört ein Kompressor zusätzlich ins Bordgepäck. Schließlich muss im Sand der Luftdruck in den Reifen auf 0,9 bis 1,5 bar reduziert und später wieder aufgefüllt werden. Das Tankstellennetz ist in Namibia und Botswana gut ausgelegt, doch wegen der zum Teil langen Passagen und dem höheren Kraftstoffverbrauch im Gelände sollte das Fahrzeug mit zwei Tanks (einem

---

Checkliste Einkauf & Besorgungen

- ☐ Camping-Ausrüstung (soweit nicht im Mietwagen)
- ☐ Satelliten-Telefon
- ☐ frische Lebensmittel
- ☐ getrocknete Lebensmittel/Dosen
- ☐ Softgetränke/Wein/Bier
- ☐ Zwille
- ☐ Gummischlange
- ☐ Grill-Utensilien

Fahrzeugcheck bei der Übergabe.

Luftdruck einstellen am Gate.   *Unsere Allradler mit Dachzelt.*   *Nächtlicher San-Tanz.*

zusätzlichen Long-Range-Tank) ausgerüstet sein. Auf unserer Tour ins touristisch unberührte Kaokoveld hatten wir noch zusätzlich zwei 20 Liter Diesel-Kanister dabei, damit der mitgeführte Kraftstoff für 1000 Kilometer ausreicht. An Bord befindet sich an einer Zweitbatterie angeschlossen auch immer unser »Engelchen«, eine große Engel-Schwingkompressor-kühlbox. Sie wird bei unseren Touren in Namibia in Windhoek mit verderblichen Lebensmitteln, Wurst und Steaks, Eiern und Bacon-Speck aufgefüllt. Zusätzlich kaufen wir haltbares »Biltong« (getrocknetes Fleisch) und »Droewors« (Trockenwurst). Doch als wir unsere Tour nach Botswana unternehmen, dürfen wir bei der Ein- und Ausreise und später im Etosha Nationalpark aus hygienischen Gründen (Maul- und Klauenseuche) keine Wurst, kein Fleisch und keine rohen Eier einführen. Tatsächlich wird unsere Kühlbox dann an den Distrikt- und Landesgrenzen immer wieder überprüft. Der Haupteinkauf findet daher diesmal erst hinter der Grenze in Maun statt.

Griffbereit befindet sich in der Küchenkiste auch eine Zwille, um in erster Linie freche, flinke, stehlende Affen zu verschrecken. Die geschickten Räuber sind mittlerweile auch in unserer digitalen Welt angekommen und haben Gefallen an Handys gefunden. Es soll sogar schon Selfies der Diebe bei wiedergefundenen Handys gegeben haben. In der Regel reicht es, die Steinschleuder nur in die Hand zu nehmen, dem erschrockenen Blick der Affen folgt dann ein schneller Rückzug. Im Camp der 4th-Bridge beschreibt der Reiseführer Raubüberfälle von Baboons (Paviane), die sogar Holzscheite aus dem Lagerfeuer in die Zelte geworfen haben sollen. Zum Verschrecken von nicht zu uns eingeladenen Baboons hoffen wir auf die Wirkung eines Insidertipps als Geheimwaffe: eine täuschend echt wirkenden Gummischlange. Howard rundet die Grundcamping-ausstattung mit Grill-Utensilien und einer von uns gewünschten Brotbackform ab. 40 Liter Frischwasser, eine Kiste Wein vom Kap, Getränke, Obst, Nudeln, Reis und Brennholz finden auch ihren Platz im Pickup. Wer Namibia und Botswana kennenlernt, dem wird es sicherlich wie uns ergehen. Er wird den Afrika-Virus in sich tragen und wieder zurückkehren, um jeden Tag nach dem Sonnenaufgang etwas Neues zu entdecken. Einige unserer schönsten und erlebnisreichsten Touren führten uns in die Kuneneregion, das Kaokoveld, in das Okavango-Delta in Botswana und bei der Suche nach den »Little Five« in die Dünen der Namib.

Okavango, die atemberaubende Wildnis Botswanas

So ausgestattet geht es mit der aufgehenden Sonne von Windhoek aus auf dem Kalahari-Highway 650 Kilometer nach Maun in Botswana. Wir erreichen unser erstes Ziel, eine SAN-Farm in Ghanzi. Am Abend tauchen wir dort in die mystische, mehrere tausend Jahre alte Kultur der Buschmänner ein. Vor den lodernden Flammen eines Feuers tanzen sich drei Buschmänner, unterstützt durch den Gesang

Namibia & Botswana

eines Strauches döst und relaxt ein vollgefressenes, verdauendes Löwenrudel, Löwinnen mit Jungen und noch nicht ganz ausgewachsene halbstarke männliche Löwen. Auf dem Rücken liegend mit empor gestreckten Pfoten genießen sie ihren Verdauungsschlaf. In Abständen ertastet die Pranke das Fell des Nachbarn. Zärtliches Kraulen wird mit einem zufriedenen tiefen Brummen beantwortet.

und das rhythmische Klatschen der Frauen, in eine Art Ekstase. Rasseln, gefertigt aus gesammelten Samenfrüchten, umschließen die Waden der zierlichen Tänzer. Stampfend und singend nehmen sie den vom Gesang der Frauen vorgegebenen Takt bis zur vollständigen Erschöpfung auf. Maun bildet den Ausgangspunkt zur Fahrt in eines der schönsten und landschaftlich abwechslungsreichsten Schutzreservate Afrikas, dem Moremi Wildlife Reservat Nationalpark. Nach einer kalten Nacht erblicken wir bei unserer Fahrt durch das Reservat eine Ansammlung Weißrückengeier am Himmel, die gezielt einen Bereich in der Savanne umkreisen. Ein sicheres Anzeichen für ein geschlagenes Wild, vielleicht die Beute eines Raubtieres. Waren es vielleicht sogar Löwen? Schließlich die Gewissheit. Im Schatten

Das Sozialverhalten dieser mächtigen Raubkatzen beeindruckt uns. Nur ein Löwenbaby das noch nicht mit der Verdauung der unzerkaut heruntergeschluckten Beute beschäftigt ist, gähnt uns frech und selbstbewusst an.

Zwei Tage später erreichen wir das Gate des Nxai Pan Nationalparks. Am späten Nachmittag sitze ich auf unserem Platz in der Campsite des Nationalparks, greife nach einem Windhoek Lager Bier aus der Kühlbox des Pickups und will nach bester Offroadmanier gedanklich herunterkommen, um den erholsamen ruhigen Abend am Lagerfeuer einzuleiten. Noch einmal erlebe ich in Gedanken die Bilder von einer unendlich erscheinenden Tiefsandpassage:

»Außer der Geräuschkulisse, die die durch den Sand mahlenden MT-Reifen und der immer wieder im Sand aufsetzende Unterboden verursachen, ist es still im Hilux. Meine Beifahrerin gibt mir in regelmäßigen Abständen die noch zu fahrenden Kilometer bis zum Gate an. Seit fünf Kilometern wühle ich mich mit dem Pickup durch den Sand und versuche, nicht aus den bis zu 30 Zentimeter tiefen Spurrillen zu schlittern. Und weitere 32 Kilometer Tiefsand liegen noch vor uns! In weiser Voraussicht habe ich am Park Gate den Luftdruck der Reifen auf 1,2 bar vor der als schwierig beschriebenen Sandpiste gesenkt. Das Navi gibt den Straßenverlauf in Richtung South Camp eindeutig, aber leider falsch, wieder und schickt uns damit letztendlich in die falsche Spur. Später wird uns klar, dass in der letzten Zeit eine parallel verlaufende Sandpiste errichtet wurde, die eine einfachere Anreise in die Nxai Pan ermöglicht hätte. Wie uns danach im Wildhüterbüro mitgeteilt wurde, wird die von uns mühsam befahrene Piste wegen ihrer über 20 Kilometer langen Tiefsandpassagen nicht mehr befahren und gehörte früher zu den schlechtesten Sandpisten Botswanas.«

»Wir müssen Feuer machen, schnell!« – Dorothees energische Ermahnung holt mich aus meinen Gedanken zurück. Die afrikanische kurze Dämmerung hat bereits eingesetzt. Innerhalb der nächsten Minuten wird diese in schlagartige Dunkelheit umschlagen. Vor mir steht in vier Meter Entfernung ein Schakal und beobachtet sehr aufmerksam unser abendliches Treiben. Im letzten Tageslicht erscheinen zusätzlich die zwei Elefanten, die wir bereits bei der Anreise in den Park in großer Entfernung beim Grasen beobachtet haben. 130.000 der grauen Riesen leben hier in Botswana. Zu ihren bevorzugten Leckereien zählen Früchte, ganz besonders Apfelsinen. Um in ihren Genuss zu kommen, können sie dann schon einmal sehr aufdringlich und rüpelhaft werden. Das ein oder andere Fahrzeug soll dazu bereits unsanft geöffnet worden sein. Unsere in der Kühlbox luftdicht gelagerten Apfelsinenvorräte scheinen sie aber nicht weiter zu interessieren, die Fruchtschalenabfälle haben wir bereits sicher entsorgt. Ich leuchte unser Umfeld und das uns umgebende Buschwerk mit der Taschenlampe ab. In der Dunkelheit wird das Licht von mittlerweile vier funkelnden Schakalaugenpaaren reflektiert. Wir rücken näher an das lodernde Feuer heran. Wir verzichten heute auf unser Grillfleisch und erhitzen stattdessen Wasser mit »Plan-B-Nudeln«. Aber das allabendliche Brotbacken für den nächsten Tag in einer gusseisernen Backform in der Glut des Lagerfeuers lassen wir uns auch an diesem Abend nicht nehmen, da sich der Einkauf seit einigen Tagen schwierig gestaltet. Mit dem Geruch eines frisch gebackenen Brotes, das wir sicher im Pickup-Koffer lagern, schlüpfen wir im Dachzelt in unsere Schlafsäcke.

Das schlafende Löwenrudel war sicherlich ein Highlight unserer Reise. Aber wir werden unter anderem noch zahlreiche Begegnungen mit Elefantenherden, Giraffen, Krokodilen und angriffslustigen Hippos vor uns haben. Auf den Spuren des großen Entdeckers Livingston führt die Route von Moremi zur großen Makgadikgadi Salzpfanne, weiter nach Kasane bis nach Livingston, zu den Victoria Falls und schließlich über den Caprivizipfel und den Etosha Nationalpark zurück nach Namibia.

Namibia & Botswana

Navigation in der Makgadikgadi Salzpfanne.

Lagebesprechung des Kaokoveldteams.

Fotostopp mit dem Pickup als Aussichtspunkt.

Doch wir haben noch eine Verabredung aus dem letzten Jahr. Howard, sein Bruder Owen, Bennie und Louise, die zweite Frau im Team, nehmen uns mit auf eine Wildnistour ins Kaokoveld. Mit drei expeditionstauglichen Allradlern aus Howards Vermietung, von denen zwei für den Walkie-Talkie-Sprechfunk mit den Namen der beiden weiblichen Teammitglieder »Louise« und »Dorothee« benannt worden sind, wollen wir in den Norden Namibias bis zum Kunene River an die angolanische Grenze. Unser Part ist die Erstellung von Bild- und Filmmaterial für einen späteren Vortrag über diese Reiseunternehmung.

Auf der Suche nach den mysteriösen »Lone Men«
Ab Opuwo werden wir keine gesicherte Einkaufs- und Tankmöglichkeit mehr haben, sodass wir mit den an Bord genommenen Lebensmittel- und Dieselvorräten bei unserer geplanten Fahrt über den fahrtechnisch herausfordernden van Zyl's Pass ins Marienfal bis an den Kunene und zurück nach Palmwag auskommen müssen. Seit sechs Monaten planen wir diese Tour und freuen uns auf das gemeinsame Erlebnis und den Genuss der unberührten Landschaft und seiner Tierwelt in dieser Wildnis im Nordwesten Namibias. Mit seinen Ortskenntnissen wird uns Bennie die nächsten Tage führen.

Eine extrem sandige Passage in der Khowaribschlucht.

Die Strecke über Otwazumba bis zum van Zyl's Pass Camp in Otjitanda bietet nach den ersten sandigen Übungs- und Probefahrten in der Khowaribschlucht keine großen Schwierigkeiten. Einzig die Zufahrt zum Pass und zum davor liegenden, von Himbas bewirtschafteten Camp ist schwierig zu finden. Als wir in der Nähe eines kleinen Himba-Krals eine Rast einlegen, geht eine junge Himbafrau mit ihren zwei kleinen Jungs zielstrebig und neugierig auf uns zu. Sie lacht uns freundlich an. In der in Afrika verbreiteten Sprache Afrikaans können unsere namibischen Teammitglieder wieder einmal schnell einen Kontakt herstellen. Wir dürfen gerne fotografieren. Fasziniert beobachtet sich die junge Frau danach im Display der Kamera. Sie gibt uns zu verstehen, dass sie sich selbst so das erste Mal betrachteten kann. Zum Abschied schenken wir ihr zur großen Freude Zucker und Maismehl aus unseren Vorräten. Am nächsten Tag liegt der van Zyl's Bergpass vor uns. 1940 wurde der 1300 Meter hohe Pass zur Kontrolle des Marienflusstals von Ben van Zyl, einem südafrikanischen Beamten für Eingeborenenfragen, errichtet und ist seitdem der Verwitterung preisgegeben. Witterung und Regen nagen ständig am Boden des engen steinigen Pfades. Der Pass wird als steilster Pass und als einer der unwegsamsten Pässe Afrikas bezeichnet. Aufgrund der Steilheit und der hohen Felsstufen darf er nur in einer Richtung – von Ost nach West – befahren werden. Tatsächlich erwartet unser Team hier die hohe Schule des Offroadfahrens. Gleich nach der Einfahrt in den Pass liegt ein 50 Meter langer steiler

Einweisung der Fahrzeuge am van Zyl`s Bergpass.

und schmaler Anstieg vor uns, auf dessen lockerem Schotter sich gerade die Räder des vor mir fahrenden Pick-ups hochwühlen. Danach verschwindet der Allradlerauf der anderen Seite. Über Funk werden wir von Bennie im Pickup »Louise« aufgefordert nachzukommen. »Dorothee, it is ok, come on«. Steil und schief wird sich die Fahrbahn in den nächsten Stunden präsentieren und genauso brachial geht es hinter den steilen Klippen wieder abwärts. Nach Einweisungen der vorausgehenden Teammitglieder balancieren wir die Reifen Zentimeter um Zentimeter über scharfkantige Steinriegel und ausgewaschene Rinnen. Für die folgenden 19 Kilometer des Passes

Namibia & Botswana

Ein »Lone Man« beobachtet uns am van Zyl's Bergpass.

Little Five der Namib-Wüste.

das Wasser bei starken Regenfällen wie in einem Wildbach zu Tal stürzen wird. Derartige Regenfälle waschen den Fahrweg im Laufe der Zeit auch immer weiter und tiefer aus. Die felsigen Absätze haben Höhen von 30 bis 40 Zentimeter mit dahinter liegenden Schloten, die ganze Räder in ihren Löchern verschlucken können. Die Fahrbahndecke neigt sich dabei schief zum Tal hin ab. Einige der tiefsten Löcher wurden bereits von Allraddurchreisenden provisorisch mit Steinplatten aufgefüllt. Nach Howards Anweisung arbeite ich mich mit dem Pickup in Zentimeterschritten talabwärts. Als sich in einer dieser Extremschräglagen das rechte Hinterrad fast 50 Zentimeter vom Boden abhebt, springt Owen beherzt auf die hintere Stoßstange, um ein Gegengewicht zu erzeugen.

Nach der Fahrt durch das Mariental treffen wir immer wieder auf »Lone Men«, teils versteckt, teils weit oben auf dem Berghügel. Es entwickelt sich ein Wettstreit darum, wer als erster einen weiteren »Lone Man« entdeckt. Über 20 dieser Steinskulpturen sollen im Kaokoveld verteilt sein. Von dem Orientierungspunkt, der »Red Drum«, sind es nun weniger als 30 Kilometer Piste bis zum »House on the Hill« in Orupembe. Der heimische Architekt und Künstler Trevor Knott hat hier einen Traum verwirklicht. Eine nicht bewirtschaftete aber voll eingerichtete Lodge mit angeschlossener Campsite wartet hier hoch oben auf dem Berg mit traumhafter Aussicht auf den staunenden Kaokolandreisenden. Ein »Lone Man« weist uns, wo wir von der Piste abweichen müssen. Nach Begegnungen mit Wüstenelefanten im Hoanibtal trennt sich unsere Reisegruppe in Purros. Direkt hinter Swakopmund beginnen die Dünen der Namib. Namib bedeutet »Ort der Leere«. Bevor wir nach Deutschland zurückkehren, haben wir noch ein paar Tage Zeit, um in der Namib bei Swakopmund die »Little Five der Wüste« zu suchen und die faszinierenden Erlebnisse der vergangenen Tage gedanklich zu verarbeiten. Diese Wüste ist alles andere als leer!

benötigen wir über drei Stunden bis zum Panoramablick über das Mariental. Aber noch erwartet uns das große Finale dieser Passüberquerung. Die letzten schwierigen 100 Meter der Bergstrecke führen steil und schief talwärts. Versteckt am Wegesrand in der Böschung blickt ein steingewordener »Lone Man« nachdenklich auf dieses Szenario. Doch meine Sinne konzentrieren sich zunächst auf die vor uns liegende Fahrstrecke. Denn spätestens jetzt wird mir klar, warum der Pass nur in der Ost-West-Richtung befahren werden kann. Der Fahrweg, sofern man ihn überhaupt so bezeichnen will, ähnelt mehr einem steilen Gebirgsbachlauf, über dessen Felskaskaden sich

Die Wüste ist alles andere als leer

Grundsätzliche Überlegungen für die Planung einer Namibia- oder Botswana-Tour

Allgemeines

Kleine Campsites und Lodges sollte man sehr frühzeitig, bis zu sechs oder neun Monate, von zuhause aus vorbuchen. Bei vielen Lodges liegen Vorabreservierungen von großen Reiseunternehmen vor und erschweren die individuelle Planung. Gleiches gilt für die nur wenigen und kleinen Campsites in Reservaten. Bei einer Panne oder einer falsch eingeschätzten Routenplanung kann es damit schnell zu einer Aufholjagd in ein schon gebuchtes Ziel oder zu Schwierigkeiten bei einer Umbuchung kommen. Das wilde Campen außerhalb von Ortschaften stellt kein Problem dar. Unser Pickup mit Dachzelt gibt uns immer ein sicheres Gefühl einen Übernachtungsplatz zu finden. Auch ergibt sich die Möglichkeit, die Reiseroute nach individuellen Wünschen zu ändern. Zudem sind wir unabhängig von festgelegten Tagesabläufen und müssen uns zeitlich nur noch in der Quartiersuche nach dem Sonnenuntergang richten. Gute Streckenplanung ist wichtig, aber weniger ist mehr. Daher sollte man die Tageskilometerzahl begrenzen.

In der Nacht sollte wegen des Wildwechsels das Fahren unterlassen werden. Außerdem ist es ratsam, sich genügend Zeit zu lassen, um anzuhalten und faszinierende Landschaften und Tiere zu beobachten. Einige technisch anspruchsvolle Routen werden mehr Zeit als geplant in Anspruch nehmen. In jedem Fall muss genügend Wasser zum Kochen und Waschen an Bord ein. Einige Gebiete sind für die Öffentlichkeit gesperrt und nur für Konzessionsinhaber mit dem Fahrzeug zugänglich, wie zum Beispiel die Routen entlang der Namibküste von Lüderitz nach Walvis Bay, durch die Dünen oder die Skelettküste hinauf zum Fluss Kunene. Nicht alle Vermietungsunternehmen lassen ihre Fahrzeuge für diese abenteuerlicheren Routen zu. Einige Fahrzeugvermieter erlauben dies zum Teil mit speziell vorbereiteten Fahrzeugen (Longe-Range-Tank, Frontschutzbügel und hintere Stahlstoßstange mit Radträger, Rock Sliders und Unterfahrschutz sowie mit für die Tour angepassten Versicherungspaketen.

Fahrzeugvermietung

Wir fühlten uns immer gut aufgehoben bei Namibia Car Rental in Windhoek http://www.namibiacarrental.net/
Der Besitzer Howard Sivertsen spricht deutsch und achtet sehr auf den guten Zustand und die Ausrüstung der Fahrzeuge. Zum Flughafen und zum Hotel bietet er einen persönlichen, kostenlosen Shuttle-Service an.
Für Botswana stellt Howard die zur Fahrzeuggrenzüberschreitung nötigen Zolldokumente zusammen und gibt gute Tipps zur Route. Eine Vorreservierung von Unterkünften ist auch möglich.

Geführte Touren

Es gibt eine Reihe von Unternehmen, die geführte Touren anbieten, z. B. Sunrise-Touren, Karibu-Safaris https://www.karibunamibia.com/safari-t ours/skeleton-coast-adventure/, I Dream Africa https://idreamafrica.com.na/tours/.

Fahrzeugkauf

Bei langem, mehrwöchigem Aufenthalt in Namibia, Botswana und den angrenzenden Ländern lohnt sich auch der Kauf eines Allradfahrzeuges. Wir raten in dem Fall zum Kauf eines zugelassenen, gebrauchten Toyota von einem anerkannten Händler. Zum Beispiel 4 x 4 and More (Stephan Ham), Off Road Center (Christian), Auto Fitment Center (AFC) (Marko Paape). Der Kauf eines Toyota (Hilux) hat den Vorteil, dass er einen besseren Wiederverkauf ermöglicht. Für beide Länder wird ein internationaler Führerschein benötigt.

Kommunikation

Satellitentelefone können bei der Vermietung oder direkt bei Adventure Camping Hire https://adventure-camping-hire.com/ oder Sat4Rent Louise https://www.sat4rent.com/ gemietet werden.

Namibia & Botswana

Campingbedarf
Es gibt eine Reihe von Campingläden in Windhoek, wo man Ausrüstung kaufen kann. Unsere Favoriten sind Bushwhackers, Cymot und Outdoor Warehouse.

Einkaufen
Ein gut erreichbarer Supermarkt in Windhoek ist der »Maerua Spar«, er bietet einen offenen, sicheren Parkplatz und eine ausgezeichnete Metzgerei sowie einen Getränkeladen. Weitere Metzgereien sind die »Trans-Kalahari Metzgerei« und »Hartlief« im Industriegebiet.

Reisezeit
Durchschnittlich über 300 Sonnentage im Jahr machen Namibia zu einem sonnigen Reiseland. Das Klima ist sehr trocken. Mit Regenfällen ist ausschließlich in den namibischen Sommermonaten (November bis Februar) zu rechnen. Gleichzeitig können die Temperaturen in den trockenen Wüstenregionen die 45 bis 50-Grad-Grenze erreichen Die beliebteste Reisezeit liegt daher zwischen April und August. Die Temperaturen liegen tagsüber bei angenehmen 25 Grad, nachts kühlt es ab. In höheren Regionen und an der Küste können die Temperaturen nachts auf unter 4 Grad fallen. Im darauffolgenden namibischen Frühling sind die Nächte nicht mehr so kalt, was für die Übernachtung im Dachzelt angenehm ist. An der namibischen Küste wird man zu jeder Jahreszeit spätestens auf die wärmere Jacke zurückgreifen müssen. Über 15 Grad Unterschied zum Inland sind dort aufgrund der Abkühlung durch den arktischen Benguelastrom keine Seltenheit.

Literatur & Kartenmaterial
GPS-Karten (tracks4africa.de)
Traveller's Map Namibia und Botswana Maßstab 1:1.000.000 (tracks4africa.de), Angabe von Distanz in Kilometern und Reisezeit sowie umfassende Straßen- und Wegeinformationen (deckungsgleich mit der T4A-GPS-Karte),
Camping in Namibia, Tipps und Tricks für Selbstfahrer im südlichen Afrika (Bernhard Vogt)
GEO Spezial Namibia, Botswana 1-2017

Schlusswort

Wenn im Frühjahr 2021 dieses Buch erscheint, liegt ein schwieriges Jahr hinter uns. Ein Jahr, das wir alle so noch nicht erlebt haben. Ein Jahr, in dem nicht nur Allrad-Reisende nicht in nahe und ferne Länder ziehen konnten. Und ein Jahr, in dem manche ihre letzte Reise antreten mussten, weil eine weltweite Pandemie uns Grenzen gesetzt hat.

*U*mso bewusster wird uns wieder einmal, dass wir nichts aufschieben sollten.

Aber gerade das ist 2020 und auch noch in 2021 gar nicht so leicht. Denn, auch wenn ich sicher bin, dass das Reisen irgendwann wieder uneingeschränkt möglich sein wird, solange diese Pandemie uns im Griff hat, müssen wir auf manches verzichten.

So traurig das ist, und so sehr es uns einschränkt, sollten wir uns aber vor Augen halten, dass wir Europäer ein großes Privileg haben: Wir können Dinge tun, die den meisten Menschen auf dieser Welt verwehrt sind. Der Großteil der Menschen in den Ländern, die für uns ein großes Offroad-Abenteuer bedeuten, haben diese Freiheiten nicht, können kaum ihren Unterhalt verdienen, geschweige denn sich überhaupt ein Auto leisten. Und wenn, dann dient es in den seltensten Fällen dazu, damit in ferne Länder aufzubrechen.

Halten wir uns das vor Augen, dann finden wir in diesem aufgezwungenen Verzicht vielleicht sogar so etwas wie eine Lehre oder eine Erkenntnis. Sie heißt Dankbarkeit. Dankbar dafür, dass wir ein Dach über dem Kopf, ein Bett zum Schlafen, genug zum Essen und Trinken haben. Dass wir lesen und schreiben und dass wir ein Buch wie dieses kaufen können, und mit den Geschichten darin und mit unserer Phantasie auf Reisen gehen können.

Auch meine Frau und ich hatten das Jahr 2020 ganz anders geplant. Wir hatten unsere Wohnung gekündigt, unsere Möbel eingelagert und wollten für mindestens ein halbes Jahr mit unserem Reisemobil in Frankreich unterwegs sein. Den Winter dann, so hatten wir überlegt, könnten wir vielleicht in Portugal verbringen. Ich muss wohl nicht erwähnen, dass es anders kam. Dafür haben wir in diesem Jahr etwas anderes erlebt: Die großartige Unterstützung von Bekannten, Freunden und Verwandten. So viel wurde uns angeboten. Wir konnten für längere Zeit Ferienhäuser nutzen, wir durften eine Zeitlang mit dem Reisemobil auf Privatgrundstücken stehen, konnten unsere Wäsche waschen, ohne dafür in Waschsalons gehen zu müssen und so vieles mehr. Diese, oft spontan angebotene, Hilfe hat uns manches Mal in Erstaunen versetzt. Das hatten wir nicht erwartet und auch nicht damit gerechnet. Und so sind wir uns mittlerweile sogar etwas unsicher, wie wir das vergangene Jahr bewerten sollen. Natürlich schmerzt es, dass wir unsere geplante Reise nicht antreten konnten. Doch ist das, was wir dafür bekommen haben, nicht um so viel größer und so viel mehr wert? Ist die Wertschätzung und die Hilfe der Menschen, die wir mögen und lieben nicht sogar viel höher zu bewerten als das entgangene Reisevergnügen? Fest steht, dass wir dafür sehr dankbar sind und eines Abends – ganz spontan – auf unsere Freunde angestoßen und auf ihr Wohl getrunken haben.

Daher möchte ich die Leser dieses Buches ermutigen, auch die positiven Seiten dieser ganzen Lockdowns, Einschränkungen und Grenzen zu betrachten. Und so beende ich dieses Nachwort mit einem Zitat von Gautama Siddhartha, den wir auch alle unter dem Namen Bhudda kennen: »Lasst uns aufstehen und dankbar sein. Denn wenn wir heute auch nicht viel gelernt haben, so doch wenigstens etwas. Und wenn wir überhaupt nichts gelernt haben, sind wir wenigstens gesund geblieben. Und wenn wir krank geworden sind, so sind wir wenigstens nicht gestorben. Also lasst uns alle dankbar sein.«

Euer *Michael Scheler*

FASZINIERENDE OFFROAD-REISEN IN DEUTSCHLAND, KORSIKA UND GRIECHENLAND.

www.reroad.de

Red Rock *Adventures*

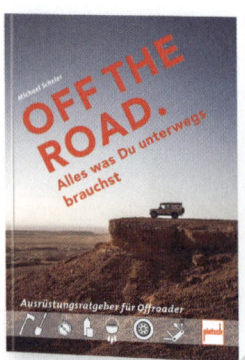

Ein umfassender Ausrüstungsratgeber mit allem, was Offroad-Reisende unterwegs dabeihaben sollten – inklusive zahlreicher Tipps und Checklisten.
256 Seiten, 350 Bilder, 170 x 240 mm
ISBN: 978-3-613-50903-0
19.95 € / € (A) 20,60

Leckere Gerichte mit unkomplizierter Zubereitung und wenig Zutaten machen das Kochen unterwegs zu einem kulinarischen Erlebnis. Neben den Grundlagen zur Verpflegung und nützlichen Packlisten für Nahrungsmittel wird auch das notwendige Koch-Equipment behandelt. Bon Appetit!
192 Seiten, 320 Bilder, 170 x 240 mm
ISBN: 978-3-613-50906-1
19.95 € / € (A) 20,60

Wer unbeschwert und ohne schlechtes Gewissen verreisen möchte, findet in diesem Ratgeber passende Tipps und Anregungen, um das Reisen mit Wohnmobil, Caravan und Geländewagen nachhaltiger zu gestalten.
160 Seiten, 140 Bilder, 170 x 240 mm
ISBN: 978-3-613-50915-3
19.95 € / € (A) 20,60

Änderungen in Preis und Lieferfähigkeit vorbehalten

Überall, wo es Bücher gibt oder unter
WWW.MOTORBUCH-VERSAND.DE
Service-Hotline: 0711/78 99 21 51

RHINO-RACK

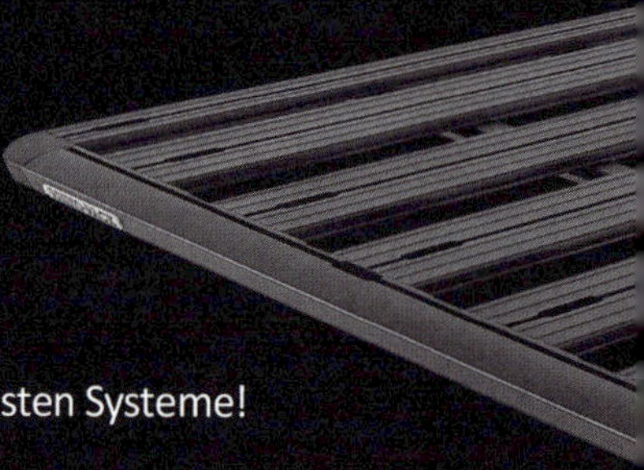

Dachgepäckträger aus „Down Under"

Der australische Dachträgerhersteller Rhino-Rack ist auch in Europa inzwischen eine feste Größe und in der 4x4 Szene eines der bekanntesten Systeme!

BESONDERHEITEN:

- moderne Fertigung und Materialen
- designed für die härtesten Bedingungen
- für Dachzelte freigegeben
- breites Zubehörprogramm
- Ersatzteile für den „Fall der Fälle" verfügb.

- leicht und dennoch robust
- Querträgeroptionen und Plattformträger
- außergewöhnlich korrossionsbeständig
- von Enthusiasten entworfen
- gut ausgebautes Händlernetzwerk
- uvm.

Taubenreuther GmbH
Am Schwimmbad 8
95326 Kulmbach

www.offroad24.com
verkauf@taubenreuther.de
Tel.: 09221-95620

by **TAUBENREUTHER**

Jetzt zwei Ausgaben gratis testen!

Reisen. Wandern. Abenteuer.

Ob Alpentrekking oder Dschungeltrip,
ob Wanderung im Schwarzwald oder Traumtour ans Ende der Welt:

outdoor zeigt die schönsten Touren.

Jetzt gratis sichern unter: www.outdoor-magazin.com/test

Das Vanlife-Magazin von promobil

Jetzt auch im Abo!

Wir reden kein Blech.
Wir leben es.

Frei, unabhängig, flexibel – leben und reisen mit einem Camper Van ist besonders. Für echte Fans kommt CAMPINGBUSSE nun viermal im Jahr. Mit außergewöhnlichen Storys, ausführlichen Tests neuer Modelle, praktischem Zubehör, tollen Reisen und ganz viel Vanlife. Und das Beste: CAMPINGBUSSE gibt's jetzt auch im Abo.

4 Ausgaben pro Jahr

Jetzt am Kiosk. Oder einfach bestellen! *promobil*-Bestellservice, 20080 Hamburg, Telefon 07 11/32 06 90 50, Fax 07 11/182-25 50, E-Mail: bestellservice@promobil.de, www.promobil.de/campingbusse, 6,90 € inkl. MwSt. zzgl. 2,00 € Versandkosten